김 변호사의
부동산법 상식

김 변호사의
부동산법 상식

우리가 꼭 알아야 할 부동산과 법의 기본 원리

김종운 지음

REAL LAW

재산을 지키는 길잡이가 되어 줄 부동산법 교양서

**부동산법을 아는 것은
곧 나와 내 가족을 지키는 일입니다.**

좋은땅

제1장

부동산 거래 — 내 집 마련의 첫걸음

제2장

부동산 임대차 — 세입자의 권리, 집주인의 책임

제3장

부동산 공법 — 땅 위에 세우는 법의 질서

부동산, 알아야 지킬 수 있습니다

우리 삶에서 부동산만큼 큰 의미를 지닌 재산이 또 있을까요? 내 집 마련은 여전히 많은 사람들의 꿈이고, 전세나 월세로 살아가는 분들에게 보증금은 전 재산이나 다름없습니다. 그런데 이토록 소중한 부동산을 둘러싼 법과 제도는 왜 이렇게 어렵고 복잡하게만 느껴지는 걸까요?

변호사로 일하면서 수많은 부동산 분쟁을 접해 왔습니다. 그중에는 조금만 미리 알았더라면 충분히 피할 수 있었던 일들이 적지 않았습니다. 등기부등본 한 장을 제대로 읽지 못해 수천만 원을 날린 분, 전입신고 하루 늦게 해서 보증금 우선변제권을 잃은 분, 계약서 특약 조항 하나를 가볍게 여겼다가 큰 손해를 본 분. 이분들의 공통점은 법이 일상과 동떨어진 전문가들만의 영역이라고 생각했다는 것입니다.

하지만 부동산법은 결코 먼 곳에 있지 않습니다. 집을 사고팔 때, 전세 계약을 할 때, 월세를 올려달라는 통보를 받았을 때, 재개발 소식에 마음이 복잡해질 때, 우리는 이미 부동산법의 한복판에 서 있습니다. 다만 그것을 인식하지 못하고 있을 뿐이지요.

이 책은 법률 전문서적이 아닙니다. 판례를 나열하거나 조문을 암기시키려는 책도 아닙니다. 대신 부동산과 관련하여 우리가 일상에서 마주치는 상황들을 하나씩 짚어 가며, 그 안에 담긴 법의 원리를 이야기하듯 풀어 보려 합니다. 왜 등기가 중요한지, 대항력이란 무엇이고 어떻게 갖추는지, 세금은 언제 얼마나 내야 하는지, 분쟁이 생기면 어떻게 대처해야 하는지. 이런 질문들에 대해 누구나 이해할 수 있는 언어로 답하고 싶었습니다.

아는 것이 힘입니다. 특히 부동산처럼 큰 재산이 오가는 영역에서는 더욱 그렇습니다. 이 책이 여러분의 소중한 재산을 지키는 작은 길잡이가 되기를 바랍니다.

제1장

부동산 거래
— 내 집 마련의 첫걸음

01
부동산이란 무엇인가
― 땅과 건물, 그리고 법이 정한 경계

어린 시절 소꿉놀이를 떠올려 봅니다. 땅바닥에 선을 긋고 "여기는 내 집이야"라고 선언하면, 그 순간 그 공간은 나만의 세계가 되었습니다. 물론 진짜 내 것은 아니었지만, 그 경계 안에서만큼은 마음껏 주인 노릇을 할 수 있었죠. 어른이 되어 진짜 내 집을 갖게 되면 어떨까요? 여전히 선을 긋고 "내 것"이라고 말할 수 있을까요? 법은 이 단순해 보이는 질문에 생각보다 복잡한 답을 내놓습니다.

부동산이란 무엇일까요? 글자 그대로 풀면 '움직이지 않는 재산'입니다. 영어로는 'real estate' 또는 'immovable property'라고 합니다. 가방이나 자동차처럼 들고 다닐 수 있는 물건과 달리, 땅은 제자리에 고정되어 있습니다. 집도 마찬가지입니다. 이사를 간다고 해서 건물을 통째로 옮길 수는 없으니까요. 이렇게 움직일 수 없는 재산, 그것이 부동산의 가장 기본적인 정의입니다.

우리 민법은 부동산을 '토지와 그 정착물'이라고 정의합니다. 토지는 이해하기 쉽습니다. 우리가 밟고 서 있는 이 땅이 바로 토지입니다. 그런데 '정착물'이란 무엇일까요? 땅에 고정적으로 붙어 있는 것들을 말합니다. 건물이 대표적입니다. 나무도 정착물입니다. 땅에 뿌리를 내리고 있으니까요. 하지만 화분에 심어진 나무는 어떨까요? 화분은 옮길 수 있으니 정착물이 아닙니다. 이렇게 법은 움직임의 가능성을 기준으로 부동산과 동산의 경계를 긋습니다.

여기서 재미있는 법적 원칙이 하나 등장합니다. 바로 '토지와 건물은 별개의 부동산'이라는 것입니다. 우리나라 법에서는 땅과 그 위의 집을 각각 다른 부동산으로 취급합니다. 땅 주인이 따로 있고, 건물 주인이 따로 있을 수 있다는 뜻입니다. 언뜻 이상하게 들릴 수 있습니다. 집은 당연히 땅 위에 있는데, 왜 따로 구분할까요?

이런 구분이 필요한 이유가 있습니다. 예를 들어, 어떤 사람이 남의 땅 위에 집을 짓고 살 수 있습니다. 땅은 빌린 것이지만 집은 본인이 지은 것이죠. 이 경우 땅의 소유권과 건물의 소유권이 분리됩니다. 우리나라에서는 전통적으로 이런 상황이 흔했습니다. 특히 도시화 과정에서 타인 소유의 토지 위에 건물을 짓는 경우가 많았고, 법은 이런 현실을 반영해 토지와 건물을 별개로 취급하게 된 것입니다.

반면 일부 다른 나라에서는 '토지와 건물은 하나'라고 보는 경우도 있습니다. 땅을 사면 그 위의 건물도 자동으로 따라온다는 것이죠. 어느 방식이 옳다고 말하기는 어렵습니다. 각 나라의 역사와 사정에 따라 다른 선택을 한 것입니다. 다만 우리나라에서 부동산 거래를 할 때는 이 점을 꼭 기억해야 합니다. 땅을 샀다고 해서 그 위의 건물까지 자동으로 내 것이 되는 것은 아닙니다. 반대로 건물만 샀다면, 땅은 여전히 다른 사람의 것일 수 있습니다.

그렇다면 '내 땅'이라는 것은 정확히 어디까지를 말하는 걸까요? 우리 눈에 보이는 땅의 표면만을 의미할까요? 법은 조금 더 넓게 봅니다. 토지의 소유권은 '정당한 이익이 있는 범위 내에서' 그 토지의 위와 아래에도 미칩니다. 쉽게 말해, 내 땅 위의 하늘과 땅 아래의 지하도 어느 정도까지는 내 것이라는 뜻입니다.

물론 이것이 무한정은 아닙니다. 비행기가 내 땅 위를 날아간다고 해서 영공 침범이라고 주장할 수는 없습니다. 지하 깊숙이 지하철이 지나간다고 해서 무조건 보상을 요구할 수도 없습니다. '정당한 이익'이 있는 범위까지만 권리가 인정됩니다. 이 범위가 어디까지인지는 구체적인 상황에 따라 판단됩니다. 집을 짓거나 나무를 심는 데 필요한 높이와 깊이 정도는 당연히 토지 소유권에 포함됩니다.

부동산의 경계는 어떻게 정할까요? 눈으로 보이는 담장이나 울타리가 진짜 경계선일까요? 반드시 그렇지는 않습니다. 법적으로 토지의 경계는 '지적도'에 의해 정해집니다. 지적도란 토지의 위치, 형태, 경계, 면적 등을 나타낸 공적인 도면입니다. 눈에 보이는 담장과 지적도상의 경계가 다른 경우, 원칙적으로 지적도가 우선합니다.

이것이 현실에서 분쟁을 일으키기도 합니다. 수십 년간 내 담장 안쪽이라고 생각했던 땅이 실제로는 이웃 땅이었다는 사실이 밝혀지는 경우가 있습니다. 반대로 이웃이 쓰고 있던 땅이 알고 보니 내 땅이었던 경우도 있죠. 이런 경계 분쟁은 부동산 소송 중에서도 흔한 유형입니다. 부동산을 거래할 때 현장만 보지 말고, 지적도와 등기부등본을 반드시 확인해야 하는 이유가 여기에 있습니다.

부동산이 다른 재산과 가장 다른 점은 무엇일까요? 바로 '등기'라는 제도입니다. 동산은 가지고 있으면 내 것으로 추정됩니다. 하지만 부동산은 다릅니다. 아무리 집에 살고 있어도, 등기부등본에 내 이름이 없으면 법적으로 그 집의 주인이 아닙니다. 반대로 한 번도 가 본 적 없는 땅이라도 등기부에 내 이름이 적혀 있으면 나의 소유입니다. 부동산의 세계에서는 등기가 곧 권리입니다.

결국 부동산이란 단순히 땅과 건물을 의미하는 것이 아닙니다. 그것은 법이 정한 경계 안에서 인정되는 권리의 총체입니다. 눈에 보이는 물리적 실체와 법이 인정하는 권리의 범위가 항상 일치하지는 않습니다. 그래서 부동산을 다룰 때는 '보이는 것'만 믿어서는 안 됩니다. 법이 정한 기준, 등기부등본이라는 공적 기록, 지적도라는 공식 도면. 이런 것들이 부동산의 진정한 모습을 보여 줍니다.

내 집 마련의 첫걸음은 부동산이 무엇인지 제대로 아는 것에서 시작됩니다. 토지와 건물이 별개라는 것, 땅의 소유권이 위아래로 미친다는 것, 경계는 지적도로 정해진다는 것, 그리고 등기가 권리의 증표라는 것. 이런 기본을 알아야 복잡한 부동산 거래에서 내 권리를 지킬 수 있습니다. 어린 시절 땅바닥에 그었던 선과 달리, 어른의 세계에서 부동산의 경계는 법이 정합니다. 그 법을 아는 것이 곧 나를 지키는 힘입니다.

등기부등본, 부동산의 이력서를 읽는 법

사람을 처음 만날 때 이력서를 보면 그 사람에 대해 많은 것을 알 수 있습니다. 학력, 경력, 자격증 등이 한눈에 들어옵니다. 부동산에게도 이런 이력서가 있습니다. 바로 '등기부등본'입니다. 집을 사거나 전세를 들어가기 전에 이 서류를 반드시 확인해야 한다는 말, 한 번쯤 들어 보셨을 겁니다. 하지만 막상 등기부등본을 펼쳐 보면 낯선 용어와 복잡한 구성에 고개를 갸웃하게 됩니다. 이번엔 이 중요한 서류를 읽는 법을 함께 알아보겠습니다.

등기부등본의 정식 명칭은 '부동산 등기사항 전부증명서'입니다. 이름이 길어서 보통 '등기부등본'이라고 줄여 부릅니다. 이 서류에는 해당 부동산에 관한 모든 법적 정보가 담겨 있습니다. 누가 주인인지, 빚은 얼마나 있는지, 누가 세 들어 살 권리가 있는지. 부동산과 관련된 권리관계의 역사가 이 한 장의 서류에 기록됩니다.

등기부등본은 크게 세 부분으로 나뉩니다. 표제부, 갑구, 을구. 이 세 가지만 이해하면 등기부등본의 절반은 읽은 셈입니다. 마치 책의 목차처럼, 각 부분이 담당하는 정보가 다릅니다. 하나씩 살펴보겠습니다.

먼저 '표제부'입니다. 표제부는 부동산 자체의 신상정보를 담고 있습니다. 토지라면 소재지, 지목, 면적이 적혀 있습니다. 건물이라면 소재지, 구조, 용도, 면적 등이 기재됩니다. 아파트의 경우에는 동과 호수, 전용면적까지 표시됩니다. 표제부를 보면 이 부동산이 어디에 있는 어떤 종류의 부동산인지 알 수 있습니다.

표제부에서 '지목'이라는 용어가 눈에 띌 것입니다. 지목이란 토지의 용도를 나타내는 구분입니다. '대'는 건물을 지을 수 있는 땅, '전'은 밭, '답'은 논, '임'은 산림을 의미합니다. 지목에 따라 그 땅에서 할 수 있는 일이 달라집니다. 논밭을 사서 바로 집을 지을 수는 없습니다. 지목을 '대'로 바꾸는 절차가 필요합니다. 표제부의 지목 확인은 토지 거래에서 특히 중요합니다.

다음은 '갑구'입니다. 갑구에는 소유권에 관한 사항이 기록됩니다. 현재 주인이 누구인지, 언제 소유권을 취득했는지, 어떤 경위로 주인이 되었는지가 적혀 있습니다. '소유권이전'이라고 적혀 있으면 매매나 상속 등으로 주인이 바뀌었다는 뜻입니다. 갑구를 보면 이 부동산이 어떤 사람들의 손을 거쳐 왔는지 역사를 알 수 있습니다.

갑구에서 주의해야 할 것이 있습니다. '가압류', '압류', '가처분' 같은 단어가 보인다면 빨간 경고등이 켜진 것입니다. 가압류란 채권자가 돈을 받기 위해 미리 재산을 묶어 둔 것입니다. 압류는 국가가 세금이나 과태료를 받기 위해 재산을 잡아 둔 것이죠. 이런 기록이 있는 부동산을 섣불리 사면 큰 문제가 생길 수 있습니다. 갑구에 이상한 기록이 있다면 전문가의 조언을 구하는 것이 현명합니다.

마지막으로 '을구'입니다. 을구에는 소유권 이외의 권리에 관한 사항이 기록됩니다. 가장 흔한 것이 '근저당권'입니다. 근저당권이란 쉽게 말해 은행 대출의 담보로 잡힌 것입니다. 주인이 돈을 빌리면서 이 집을 담보로 제공했다는 뜻이죠. 만약 주인이 돈을 갚지 못하면, 은행은 이 집을 경매에 넘겨 빚을 회수할 수 있습니다.

을구에 근저당권이 있다고 해서 무조건 위험한 것은 아닙니다. 집을 담보로 대출받는 것은 흔한 일이니까요. 중요한 것은 그 금액입니다. 근저당권 설정 금액이 집값에 비해 너무 크다면 문제가 될 수 있습니다. 또한 '채권최고액'이라는 표현이 보일 텐데, 이것은 실제 대출금보다 보통 20~30% 정도 높게 잡힙니다. 이자와 연체료 등을 고려한 최대 한도이기 때문입니다.

을구에는 '전세권', '지상권', '지역권' 같은 권리도 기록될 수 있습니다. 전세권이 등기되어 있다면 누군가 이 집에 전세로 살 권리가 있다는 뜻입니다. 지상권은 남의 땅 위에 건물을 지을 권리, 지역권은 남의 토지를 특정 목적으로 이용할 권리입니다. 이런 권리들이 있으면 내가 주인이 되어도 마음대로 처분하기 어려울 수 있습니다.

등기부등본을 읽을 때 꼭 확인해야 할 것이 '순위'입니다. 등기에는 순위가 있습니다. 먼저 등기된 권리가 나중에 등기된 권리보다 우선합니다. 예를 들어, 근저당권이 먼저 설정되고 나중에 전세권이 등기되었다면, 경매가 진행될 경우 은행이 먼저 돈을 받고 전세 세입자는 나중에 받게 됩니다. 돈이 모자라면 전세금을 온전히 돌려받지 못할 수도 있습니다.

등기부등본은 어디서 떼나요? 요즘은 인터넷등기소(www.iros.go.kr)에서 온라인으로 간편하게 발급받을 수 있습니다. 수수료도 저렴합니다. 과거에는 관할 등기소에 직접 가야 했지만, 이제는 집에서 클릭 몇 번으로 전국 어느 부동산의 등기부등본이든 열람할 수 있습니다.

중요한 것은 '최신 등기부등본'을 확인해야 한다는 점입니다. 부동산 거래에서는 어제와 오늘 사이에도 상황이 바뀔 수 있습니다. 계약 당일에도 근저당권이 갑자기 설정될 수 있고, 가압류가 들어올 수 있습니다. 그래서 계약 전날 확인했던 등기부등본을 믿으면 안 됩니다. 잔금을 치르는 당일, 가능하면 은행에 가기 직전에 한 번 더 확인하는 것이 안전합니다.

등기부등본에 나오는 내용은 '공시'의 효력을 가집니다. 공시란 모든 사람에게 알려진 것으로 본다는 뜻입니다. 등기부등본에 적힌 내용은 누구나 열람할 수 있고, 따라서 "나는 몰랐다"는 변명이 통하지 않습니다. 근저당권이 설정되어 있는 줄 몰랐다고 해도, 등기부에 적혀 있었다면 알았던 것으로 간주됩니다. 이것이 등기부등본 확인이 그토록 중요한 이유입니다.

등기부등본은 부동산의 과거와 현재를 보여 주는 이력서입니다. 사람의 이력서가 그 사람을 완전히 설명하지는 못하듯, 등기부등본만으로 부동산의 모든 것을 알 수는 없습니다. 현장 확인, 건축물대장 열람, 토지이용계획 확인 등 다른 확인 작업도 필요합니다. 하지만 등기부등본은 가장 기본적이고 중요한 출발점입니다. 이 서류를 읽을 줄 알아야 부동산 거래에서 내 권리를 지킬 수 있습니다.

03

매매계약서, 한 줄 한 줄이 내 권리입니다

계약서에 서명한다는 것은 무거운 일입니다. 특히 부동산 매매계약서라면 더욱 그렇습니다. 수천만 원에서 수억 원이 오가는 거래가 이 종이 한 장에 담깁니다. 그런데 막상 계약 현장에서는 분위기에 휩쓸려 빠르게 서명하게 되는 경우가 많습니다. 공인중개사가 읽어 주는 조항을 건성으로 듣고, 대충 훑어본 후 도장을 찍습니다. 나중에 문제가 생기면 그때서야 계약서를 다시 펼쳐보게 됩니다.

부동산 매매계약서는 단순한 서류가 아닙니다. 그것은 사는 사람과 파는 사람 사이의 약속을 법적으로 확정하는 문서입니다. 이 계약서에 적힌 내용이 곧 양쪽의 권리와 의무가 됩니다. 계약서에 없는 것은 나중에 주장하기 어렵습니다. 계약서에 있는 것은 원칙적으로 지켜야 합니다. 그래서 매매계약서의 한 줄 한 줄이 중요합니다.

매매계약서의 기본 구성을 살펴봅시다. 부동산 매매계약서에는 보통 부동산의 표시, 매매대금과 지급 방법, 인도 시기, 소유권 이전 시기, 특약사항이 들어갑니다. 이 다섯 가지가 매매계약의 핵심입니다.

'부동산의 표시'란 거래 대상을 특정하는 것입니다. 어떤 부동산을 사고파는지 정확히 기재해야 합니다. 토지라면 소재지, 지번, 지목, 면적을 적습니다. 건물이라면 주소, 구조, 용도, 면적을 적습니다. 아파트라면 동호수까지 명시합니다. 등기부등본에 적힌 내용과 정확히 일치해야 합니다. 사소한 차이라도 있으면 나중에 문제가 될 수 있습니다.

'매매대금과 지급 방법'은 계약의 핵심입니다. 총 얼마에 거래하는지, 언제 얼마씩 나눠서 내는지가 여기에 적힙니다. 보통 계약금, 중도금, 잔금의 세 단계로 나눕니다. 각각의 금액과 지급 날짜를 명확히 기재해야 합니다. 계좌번호까지 적어 두면 더욱 확실합니다. 이 부분은 돈과 직결되니 특히 신중하게 확인해야 합니다.

'인도 시기'란 언제 집을 넘겨받는지에 관한 것입니다. 잔금을 치르는 날 바로 이사할 수 있는 것이 일반적입니다. 하지만 매도인의 사정으로 며칠 후에 비워 주기로 하는 경우도 있습니다. 이런 경우 인도 날짜를 계약서에 명확히 적어 두어야 합니다. 그렇지 않으면 "언제 나가야 하느냐"를 두고 다툼이 생길 수 있습니다.

'소유권 이전 시기'는 언제 법적으로 내 것이 되는지를 정합니다. 원칙적으로 잔금을 지급함과 동시에 소유권 이전등기에 필요한 서류를 넘겨받습니다. 그리고 그 서류로 등기를 신청해서 내 이름으로 등기가 완료되면 법적으로 소유권이 이전됩니다. 이 과정이 계약서에 어떻게 정해져 있는지 확인해야 합니다.

마지막으로 '특약사항'입니다. 이 부분이 가장 중요하다고 해도 과언이 아닙니다. 특약사항은 당사자들이 추가로 합의한 내용을 적는 곳입니다. 표준 계약서 양식에는 없지만 이 거래에서 특별히 정해야 할 것들이 여기에 들어갑니다. 예를 들어, "에어컨과 냉장고는 두고 간다", "잔금 지급 전 곰팡이 문제를 해결한다", "주차장 사용권은 매수인에게 승계한다" 같은 내용입니다.

특약사항을 소홀히 하면 나중에 분쟁이 생깁니다. "당연히 에어컨은 두고 가는 거 아니에요?", "누가요? 계약서에 그런 내용 없는데요." 이런 다툼은 흔합니다. 구두로 합의했던 것도 계약서에 적혀 있지 않으면 증명하기 어렵습니다. 중요한 것은 반드시 특약사항에 명시해야 합니다. 글로 적힌 것만이 확실한 권리가 됩니다.

계약서를 쓸 때 주의해야 할 것이 몇 가지 있습니다. 빈칸을 남기지 마세요. 빈칸은 나중에 위조의 여지를 줍니다. 해당 사항이 없으면 '해당 없음'이라고 적거나 줄을 그어 빈칸을 없애세요. 수정할 때는 정정 인장을 찍으세요. 그냥 고쳐 쓰면 나중에 누가 고쳤는지 다툼이 생깁니다. 계약서는 반드시 두 부 이상 작성해서 각자 한 부씩 보관하세요.

공인중개사를 통한 거래에서는 '중개대상물 확인·설명서'도 함께 작성됩니다. 이 서류에는 공인중개사가 확인한 부동산의 상태, 권리관계, 하자 여부 등이 적힙니다. 매매계약서만큼 중요한 서류입니다. 공인중개사는 이 서류에 적힌 내용에 대해 책임을 집니다. 나중에 숨겨진 하자가 발견되면 이 서류가 중요한 증거가 됩니다.

계약서에 서명하기 전에는 반드시 꼼꼼히 읽어 보세요. 이해되지 않는 부분이 있으면 물어보세요. "빨리 서명해야 한다"는 재촉에 쫓기지 마세요. 이 계약서 한 장이 앞으로 몇 년, 어쩌면 평생 살 집에 대한 권리를 결정합니다. 조급함에 대충 넘어가면 그 대가는 고스란히 내가 치르게 됩니다.

법원에서 부동산 분쟁을 다룰 때 가장 먼저 들여다보는 것이 매매계약서입니다. 당사자들이 무엇을 약속했는지, 그 약속이 지켜졌는지, 약속과 다른 상황이 생겼을 때 누가 책임지는지. 이 모든 것이 계약서에서 출발합니다. 계약서에 적히지 않은 것은 주장하기 어렵고, 적힌 것은 부인하기 어렵습니다. 그래서 매매계약서의 한 줄 한 줄이 곧 내 권리입니다.

04

계약금, 중도금, 잔금
― 돈이 오가는 타이밍의 의미

부동산 거래에서 돈은 한 번에 오가지 않습니다. 계약금, 중도금, 잔금이라는 세 단계를 거칩니다. 왜 이렇게 나눌까요? 한꺼번에 주고받으면 간단할 텐데 말입니다. 여기에는 법적으로, 그리고 현실적으로 중요한 이유가 있습니다. 각 단계에서 돈이 오가는 타이밍에는 저마다의 의미가 담겨 있습니다.

먼저 계약금입니다. 계약금은 계약을 체결할 때 지급하는 돈입니다. 보통 매매대금의 10% 정도가 관행입니다. 5%로 하는 경우도 있고, 협의에 따라 달라질 수 있습니다. 계약금을 주고받으면 계약이 정식으로 성립한 것입니다. "이 집을 사겠습니다", "이 집을 팔겠습니다"라는 약속이 돈으로 확인되는 순간입니다.

계약금에는 법적으로 특별한 의미가 있습니다. 민법에서는 이것을 '해약금'으로 추정합니다. 해약금이란 계약을 해제할 수 있는 권리를 담보하는 돈입니다. 쉽게 말해, 계약금을 주고받은 후에도 일정 조건 하에 계약을 깰 수 있다는 것입니다. 매수인이 계약을 그만두고 싶으면 계약금을 포기하면 됩니다. 매도인이 계약을 그만두고 싶으면 받은 계약금의 두 배를 돌려주면 됩니다.

"계약금 배액 배상"이라는 말을 들어 보셨을 겁니다. 집을 팔기로 했는데 갑자기 더 높은 가격에 사겠다는 사람이 나타났습니다. 이때 매도인이 원래 계약을 깨고 싶다면, 받았던 계약금의 두 배를 매수인에게 주어야 합니다. 1천만 원을 받았다면 2천만 원을 돌려줘야 하는 것이죠. 이것이 계약금 배액 배상입니다.

하지만 이 권리가 무한정 인정되는 것은 아닙니다. 상대방이 "이행에 착수"하면 더 이상 계약금만 포기하고 계약을 깰 수 없습니다. 이행에 착수란 계약을 실행하기 위한 구체적인 행동을 시작하는 것입니다. 매수인이 중도금을 지급했거나, 매도인이 소유권 이전에 필요한 서류를 준비했거나, 이사 날짜를 잡고 이삿짐을 쌌다면 이행에 착수한 것으로 볼 수 있습니다.

중도금은 계약금과 잔금 사이에 지급하는 돈입니다. 모든 거래에서 중도금이 있는 것은 아닙니다. 매매대금이 크거나 계약일과 잔금일 사이가 긴 경우에 중도금을 정하는 경우가 많습니다. 아파트 분양에서는 여러 차례에 걸쳐 중도금을 내기도 합니다. 중도금의 금액과 지급 시기는 당사자 간의 협의로 정합니다.

중도금의 법적 의미는 무엇일까요? 중도금은 명확하게 '이행의 착수'에 해당합니다. 중도금을 지급하면 매수인은 더 이상 계약금만 포기하고 계약을 해제할 수 없습니다. 매도인도 마찬가지로 계약금 배액 배상으로 빠져나갈 수 없게 됩니다. 중도금이 오간 순간부터 계약은 사실상 돌이킬 수 없게 됩니다. 물론 양쪽이 합의하면 해제할 수 있지만, 일방적으로는 어렵습니다.

잔금은 매매대금에서 계약금과 중도금을 뺀 나머지입니다. 잔금일은 거래의 대미를 장식하는 날입니다. 이날 매수인은 나머지 대금을 지급하고, 매도인은 소유권 이전등기에 필요한 서류를 넘겨줍니다. 그리고 집의 열쇠를 받습니다. 법적으로도 실질적으로도 집의 주인이 바뀌는 순간입니다.

잔금일에는 여러 가지를 동시에 처리해야 합니다. 먼저 당일 아침에 등기부등본을 다시 한번 확인합니다. 계약 후에 근저당이나 가압류가 추가되지는 않았는지 살펴야 합니다. 그다음 잔금을 지급하고, 등기 서류를 받습니다. 보통 법무사에게 의뢰해서 그 자리에서 바로 소유권 이전등기를 신청합니다.

잔금 지급과 소유권 이전은 '동시이행'의 관계에 있습니다. 동시이행이란 "네가 먼저", "아니 네가 먼저"를 피하기 위한 법적 원칙입니다. 매수인은 "등기 서류 주면 돈 줄게요"라고 할 수 있고, 매도인은 "돈 주면 서류 줄게요"라고 할 수 있습니다. 어느 쪽도 먼저 줄 의무가 없습니다. 그래서 보통 은행이나 중개업소에서 서류와 돈을 동시에 교환합니다.

돈이 오가는 각 타이밍에는 위험도 따릅니다. 계약금을 주었는데 매도인이 사라지면 어떡하죠? 중도금을 냈는데 집이 경매에 넘어가면요? 잔금을 치렀는데 등기가 안 되면요? 이런 위험을 줄이려면 각 단계에서 주의가 필요합니다. 공인중개사를 통한 거래, 에스크로 서비스 활용, 등기부등본의 수시 확인 등이 도움이 됩니다.

특히 거액이 오가는 잔금일에는 더욱 신중해야 합니다. 매도인의 신분증을 확인하고, 본인이 맞는지 대조합니다. 계좌가 매도인 명의인지도 확인합니다. 보이스피싱 등의 사기 수법이 교묘해지고 있어서, 송금 전에 반드시 직접 확인하는 것이 좋습니다. 몇 억 원을 보내면서 "설마"라고 생각했다가 돌이킬 수 없는 상황이 될 수 있습니다.

결국 계약금, 중도금, 잔금은 단순히 돈을 나눠서 내는 것이 아닙니다. 각 단계는 법적으로 다른 의미를 갖습니다. 계약금은 계약의 성립과 해제 가능성을, 중도금은 이행의 착수를, 잔금은 거래의 완결을 의미합니다. 이 구조를 이해하면 부동산 거래에서 내가 어느 단계에 있는지, 어떤 권리와 의무가 있는지 파악할 수 있습니다. 돈이 오가는 타이밍에 담긴 의미를 아는 것, 그것이 안전한 거래의 시작입니다.

05
가계약과 본계약, 그 미묘한 차이가 분쟁을 만든다

"일단 가계약금만 보내 드릴게요." 부동산 거래에서 흔히 듣는 말입니다. 마음에 드는 집을 발견했는데 당장 계약하러 가기는 어렵습니다. 다른 사람에게 뺏길까 봐 조바심이 납니다. 그래서 "가계약"이라는 이름으로 돈을 먼저 보냅니다. 보통 50만 원에서 몇백만 원 정도입니다. 이렇게 하면 집을 잡아 둘 수 있으니까요. 그런데 이 '가계약'이라는 것, 법적으로는 매우 모호한 개념입니다.

결론부터 말씀드리면, 법에는 '가계약'에 대한 명문의 규정이 없습니다. 우리 민법에서 계약은 성립하거나, 성립하지 않거나 둘 중 하나입니다. '절반쯤 성립한 계약'이란 것은 없습니다. 그런데 현실에서는 '가계약'이라는 말이 흔하게 쓰입니다. 이 괴리가 분쟁을 만들어 냅니다.

가계약금을 보냈는데 마음이 바뀌었습니다. 집을 다시 보니 생각보다 별로입니다. 더 좋은 집이 나타났습니다. 그래서 가계약을 취소하고 돈을 돌려받고 싶습니다. 여기서부터 문제가 복잡해집니다.

매도인 입장에서는 다릅니다. "가계약금을 받았으니 다른 사람에게 안 팔고 기다렸는데, 이제 와서 취소한다고요? 그동안 다른 손님 다 돌려보냈어요. 가계약금은 못 돌려드립니다." 충분히 납득할 만한 주장입니다. 결국 법원이 판단해야 합니다.

법원은 어떻게 볼까요? 핵심은 '그것이 진짜 계약인지 아닌지'입니다. 이름이 가계약이든 본계약이든 상관없습니다. 당사자들 사이에 매매에 관한 합의가 있었는지, 그 합의가 구속력 있는 것이었는지를 따집니다. 형식이 아니라 실질을 봅니다.

일반적으로 가계약금이라고 불리는 돈은 두 가지 경우로 나뉩니다. 하나는 정식 계약 전에 우선 협상권을 확보하기 위한 돈입니다. "다른 사람에게 팔지 말고 기다려 주세요"라는 취지입니다. 이 경우 아직 매매계약이 성립한 것은 아닙니다. 계약은 정식으로 계약서를 쓸 때 성립합니다. 다른 하나는 사실상 계약금의 일부를 미리 지급한 것입니다. 이미 매매 조건에 합의가 되었고, 돈만 나누어 지급하는 경우입니다. 이때는 이미 계약이 성립한 것으로 볼 수 있습니다.

어느 경우인지에 따라 결과가 완전히 달라집니다. 첫 번째 경우라면 아직 계약이 성립하지 않았으니, 원칙적으로 가계약금을 돌려받을 수 있습니다. 물론 상대방에게 손해를 끼쳤다면 그 부분은 배상해야 할 수 있습니다. 두 번째 경우라면 이미 계약이 성립한 것이므로, 가계약금은 계약금으로 취급됩니다. 계약을 깨려면 계약금을 포기해야 합니다.

문제는 현실에서 이 구분이 명확하지 않다는 것입니다. "가계약금 100만 원 보냅니다. 다음 주에 정식 계약하러 갈게요." 이 경우는 어느 쪽일까요? 이미 매매가격에 합의가 되어 있었다면 계약 성립으로 볼 수 있습니다. 아직 가격 협상 중이었다면 계약 전 단계로 볼 수 있습니다. 상황에 따라 판단이 달라집니다.

분쟁을 예방하려면 어떻게 해야 할까요? 가장 좋은 방법은 애초에 '가계약'이라는 모호한 단계를 피하는 것입니다. 가능하면 처음부터 정식 계약서를 작성하세요. 그것이 어렵다면, 돈을 보낼 때 그 성격을 명확히 해 두세요. "이 돈은 우선 협상권 확보를 위한 것이고, 정식 계약은 며칠 후에 체결합니다. 계약이 불발되면 반환합니다." 이런 식으로 문자나 메모를 남겨 두면 나중에 분쟁이 생겼을 때 증거가 됩니다.

반대로 이렇게 할 수도 있습니다. "이 돈은 계약금의 일부로 지급하는 것입니다. 이후 정식 계약서를 작성하며 잔여 계약금을 추가로 지급합니다." 이 경우에는 이미 계약이 성립한 것으로 볼 가능성이 높습니다. 상황에 맞게 선택하되, 명확하게 합의해 두는 것이 중요합니다.

공인중개사를 통한 거래에서도 가계약 문제는 발생합니다. 중개사가 "일단 가계약금 넣어 두시면 잡아 드릴게요"라고 할 수 있습니다. 이때도 마찬가지입니다. 그 돈의 성격이 무엇인지 명확히 해야 합니다. 중개사의 계좌로 돈이 가는 경우도 있는데, 이것도 조심해야 합니다. 원칙적으로 거래 대금은 당사자 사이에서 오가야 합니다.

결국 '가계약'이라는 편리한 관행 뒤에는 법적 불확실성이 숨어 있습니다. 그 불확실성은 분쟁의 씨앗이 됩니다. 부동산 거래에서 '가짜' 같은 것은 없습니다. 돈이 오가면 그것은 어떤 형태로든 법적 의미를 갖습니다. 이름을 뭐라고 붙이든, 실질이 무엇인지가 중요합니다. 명확하지 않은 약속은 명확한 분쟁으로 이어집니다. 처음부터 분명하게 정해 두는 것, 그것이 가장 확실한 보호막입니다.

06
소유권 이전등기, 내 이름을 새기는 마지막 절차

집을 샀다는 것은 무엇을 의미할까요? 계약서에 서명하고 돈을 모두 치렀다면 그 집은 내 것이 되는 걸까요? 많은 분들이 그렇게 생각하지만, 법의 세계에서는 조금 다릅니다. 부동산의 소유권은 등기를 해야 비로소 이전됩니다. 계약서만으로는 부족합니다. 잔금을 다 치르고도 등기를 하지 않으면, 법적으로 그 집은 여전히 매도인의 것입니다. 이 점을 모르고 있다가 낭패를 보는 경우가 적지 않습니다.

이것이 바로 우리 민법이 채택하고 있는 '형식주의' 원칙입니다. 부동산 소유권의 변동은 등기라는 공적 절차를 거쳐야만 효력이 생깁니다. 반면 프랑스나 일본처럼 당사자의 합의만으로 소유권이 이전되는 '의사주의' 체계를 취하는 나라도 있습니다. 왜 우리 법은 형식주의를 선택했을까요? 그 이유는 거래의 안전을 위해서입니다. 부동산은 금액이 크고, 한 번 잘못되면 회복하기 어렵습니다. 누구나 등기부등본을 열람해서 진정한 소유자가 누구인지 확인할 수 있어야 거래가 안전해집니다.

소유권 이전등기란 쉽게 말해 부동산의 주인 이름을 바꾸는 것입니다. 등기부등본의 '갑구'라는 란에 기존 소유자 이름이 지워지고, 새로운 소유자인 내 이름이 새겨집니다. 갑구는 소유권에 관한 사항을 기록하는 곳입니다. 여기에 내 이름이 올라가는 순간, 비로소 법적으로 그 부동산은 내 것이 됩니다. 세상에 내 이름을 새기는 마지막 절차, 그것이 소유권 이전등기입니다.

등기를 하려면 여러 서류가 필요합니다. 매수인 측에서는 주민등록등본, 인감증명서, 인감도장, 취득세 납부확인서 등이 필요합니다. 매도인 측에서는 등기권리증(또는 등기필정보), 인감증명서, 주민등록등본, 인감도장 등을 준비해야 합니다. 특히 매도인의 인감증명서는 부동산 매도용으로 발급받아야 합니다. 이 서류들을 관할 등기소에 제출하면 등기관이 서류의 적법성을 심사한 후 등기를 완료합니다. 요즘은 법무사를 통해 대부분의 절차를 대행하기도 하고, 전자등기 시스템을 통해 온라인으로 신청하는 경우도 많습니다.

잔금일이 되면 보통 이런 일이 벌어집니다. 매수인과 매도인, 그리고 법무사가 한자리에 모입니다. 대개 은행이나 부동산 중개사무소에서 만납니다. 매수인이 잔금을 매도인 계좌로 송금하고, 매도인은 등기에 필요한 서류를 법무사에게 건네줍니다. 법무사는 그 자리에서 서류를 꼼꼼히 확인하고, 곧바로 등기소에 접수합니다. 이 모든 것이 동시에 이루어지는 것이 중요합니다. 돈을 주고도 등기 서류를 받지 못하거나, 서류를 건네고 돈을 받지 못하는 불상사를 막기 위해서입니다.

여기서 '동시이행'이라는 법률 개념이 등장합니다. 매매계약에서 매도인의 소유권 이전등기 의무와 매수인의 대금 지급 의무는 서로 동시에 이행되어야 합니다. 한쪽이 먼저 이행하고 상대방의 이행을 기다리는 것은 위험합니다. 그래서 잔금과 등기 서류는 반드시 같은 시간, 같은 장소에서 교환되어야 합니다. 실무에서는 이를 '클로징(closing)'이라고 부르기도 합니다. 이 절차가 매끄럽게 이루어져야 안전한 거래가 완성됩니다.

등기를 하지 않으면 어떤 일이 생길까요? 법적으로 소유권이 이전되지 않았으므로 여러 위험이 따릅니다. 가장 무서운 것은 이중매매입니다. 매도인이 그 사이에 다른 사람에게 같은 부동산을 다시 팔고 등기까지 마쳐 버릴 수 있습니다. 이 경우 먼저 계약한 매수인이라도 등기를 하지 않았다면 소유권을 주장할 수 없습니다. 등기를 먼저 한 사람이 진정한 소유자가 됩니다. 나중에 계약했더라도 먼저 등기하면 그 사람이 주인이 되는 것입니다. 억울하지만 이것이 형식주의 원칙의 논리입니다.

또 다른 위험도 있습니다. 매도인에게 빚이 있어서 채권자가 그 부동산을 압류해 버릴 수도 있습니다. 등기부에 압류가 기재되면 매수인은 낭패를 봅니다. 이미 돈을 다 치렀는데 내 이름으로 등기를 하지 못하는 상황이 벌어지는 것입니다. 매도인이 세금을 체납하고 있었다면 국세청이나 지방자치단체가 압류를 할 수도 있습니다. 이런 일을 막으려면 잔금 지급과 등기 신청 사이의 시간을 최대한 줄여야 합니다.

실무에서는 이 위험을 줄이기 위해 여러 장치를 마련합니다. 잔금일 아침에 등기부등본을 다시 한번 열람하여 중간에 이상한 등기가 들어오지 않았는지 확인합니다. 법무사가 온라인으로 실시간 등기부를 확인하면서 잔금 수수와 등기 신청을 진행합니다. 어떤 법무사는 잔금 송금 확인 즉시 등기 신청 버튼을 누르기도 합니다. 이 짧은 시간 동안에도 위험을 최소화하려는 노력입니다.

소유권 이전등기에는 비용이 듭니다. 먼저 취득세를 내야 합니다. 취득세는 부동산 가액의 일정 비율로 계산되는데, 주택의 경우 보통 1%에서 3% 사이입니다. 1주택자 기준 6억 원 이하 주택은 1%, 6억 원 초과 9억 원 이하는 1~3% 사이, 9억 원 초과는 3%가 적용됩니다. 여기에 지방교육세와 농어촌특별세가 추가됩니다. 또한 등기를 신청할 때 국민주택채권을 매입해야 합니다. 법무사 수수료까지 합치면 적지 않은 금액이 됩니다.

이 비용을 누가 부담할지는 계약서에 정해 두는 것이 좋습니다. 관례적으로 소유권 이전등기 비용은 매수인이 부담합니다. 새로운 주인이 되기 위한 비용이니 당연하다고 볼 수도 있습니다. 반면 말소등기 비용, 예를 들어 기존에 설정된 근저당권을 지우는 비용은 매도인이 부담하는 것이 일반적입니다. 이것도 당사자 간의 합의에 따라 달라질 수 있으므로 계약 전에 명확히 해 두어야 분쟁을 예방할 수 있습니다.

등기가 완료되면 등기완료통지서가 발급됩니다. 과거에는 등기권리증이라는 종이 서류가 발급되어 권리의 상징처럼 여겨졌지만, 지금은 전자등기 시스템으로 바뀌면서 등기완료통지서와 등기필정보가 그 역할을 합니다. 이 서류들은 잘 보관해야 합니다. 나중에 그 부동산을 팔거나 담보로 제공할 때 필요합니다. 분실하면 재발급 절차가 번거로우니 처음부터 안전한 곳에 보관하는 것이 좋습니다.

결국 소유권 이전등기는 부동산 거래의 마침표입니다. 계약서를 쓰고, 계약금을 치르고, 중도금을 납부하고, 잔금까지 모두 지급해도 등기를 하지 않으면 법적으로 내 것이 아닙니다. 등기부에 내 이름이 새겨지는 그 순간, 비로소 그 집의 진정한 주인이 됩니다. 내 이름 석 자를 부동산에 새기는 일, 그것이 소유권 이전등기입니다. 이 마지막 절차를 소홀히 해서는 안 되는 이유가 여기에 있습니다. 등기는 권리의 완성이자 보호입니다.

07

부동산 중개와 공인중개사의 책임

부동산을 사거나 팔 때 대부분의 사람들은 공인중개사를 찾아갑니다. 직접 매물을 찾고 계약을 진행하는 것이 어렵기 때문입니다. 요즘은 인터넷에 매물 정보가 넘쳐나지만, 실제로 계약까지 혼자 진행하기란 쉽지 않습니다. 동네 부동산 중개사무소의 문을 두드리면, 중개사는 적절한 매물을 소개하고, 계약서 작성을 도와주며, 거래가 원만하게 마무리될 수 있도록 안내합니다. 하지만 이 과정에서 문제가 생기면 어떻게 될까요? 중개사는 어디까지 책임을 져야 할까요?

먼저 '중개'가 무엇인지 이해할 필요가 있습니다. 중개란 거래 당사자 사이에서 거래가 성사되도록 알선하는 행위입니다. 매도인과 매수인을 연결해 주고, 협상을 돕고, 계약 체결까지 안내하는 것이 중개사의 역할입니다. 중개사는 거래의 당사자가 아닙니다. 매도인도 아니고 매수인도 아닙니다. 그저 양쪽을 연결해 주는 다리 역할을 할 뿐입니다. 그래서 중개사가 물건을 직접 사거나 파는 것은 아닙니다.

그런데 이 '연결' 역할이 결코 단순하지 않습니다. 부동산 거래에는 수많은 정보가 오갑니다. 건물의 상태, 권리관계, 시세, 세금, 법적 규제 등 전문적인 지식이 필요한 사항들이 많습니다. 일반인이 이 모든 것을 스스로 파악하기는 어렵습니다. 그래서 중개사가 필요한 것이고, 그만큼 중개사에게는 높은 수준의 주의의무가 요구됩니다. 전문가로서 거래의 안전을 책임져야 하는 것입니다.

공인중개사법은 중개사에게 여러 의무를 부과합니다. 가장 중요한 것은 '확인·설명 의무'입니다. 중개사는 중개대상물에 관한 기본적인 사항들을 확인하고 거래 당사자에게 성실하게 설명해야 합니다. 구체적으로 어떤 것들을 확인해야 할까요? 등기부등본의 내용, 건축물대장의 기재사항, 토지이용계획확인서, 실제 권리관계, 공법상 이용 제한, 수도·전기·가스 등 시설물의 상태 등입니다. 이런 사항들을 조사하고 '중개대상물 확인·설명서'라는 서류로 작성하여 거래 당사자에게 교부해야 합니다.

이 의무를 다하지 않으면 중개사는 손해배상 책임을 질 수 있습니다. 예를 들어 매수인이 어떤 상가를 계약했는데, 나중에 보니 그 건물이 불법건축물이었다고 합시다. 건축 당시 허가를 제대로 받지 않아서 언제든 철거 명령이 내려질 수 있는 상황이었습니다. 중개사가 건축물대장만 확인했어도 알 수 있었던 사실인데, 이를 확인하지 않고 계약을 진행했다면 확인·설명 의무를 위반한 것입니다. 매수인이 입은 손해를 배상해야 합니다.

중개사는 '성실 의무'와 '비밀유지 의무'도 집니다. 거래 당사자의 이익을 위해 성실하게 중개해야 하고, 업무상 알게 된 비밀을 누설해서는 안 됩니다. 이것은 양쪽 당사자 모두에게 적용됩니다. 예를 들어, 매도인이 급하게 팔아야 하는 개인적인 사정이 있다는 것을 중개사가 매수인에게 흘려서 매수인이 가격 흥정에 이용한다면, 이는 비밀유지 의무 위반이 될 수 있습니다. 반대로 매수인의 예산 한도를 매도인에게 알려 주는 것도 마찬가지입니다.

그렇다면 중개사가 모든 것을 책임져야 할까요? 그렇지는 않습니다. 중개사의 확인·설명 의무에도 한계가 있습니다. 중개사는 등기부 등본이나 건축물대장처럼 공적 서류로 확인할 수 있는 사항에 대해서는 조사할 의무가 있습니다. 하지만 건물 내부의 숨겨진 하자, 예를 들어 벽 속 배관의 누수나 기초 구조의 결함 같은 것까지 모두 밝혀내야 하는 것은 아닙니다. 매도인이 일부러 감춘 사실까지 중개사가 알아내야 하는 것도 아닙니다. 중개사가 전문 기술자나 탐정이 아니기 때문입니다.

법원은 중개사의 책임 범위를 판단할 때 '통상적인 주의'를 기준으로 삼습니다. 전문가로서 통상적으로 기울여야 할 주의를 다했다면 중개사에게 책임을 묻기 어렵습니다. 반대로 조금만 주의를 기울였더라면 알 수 있었을 문제를 놓쳤다면 책임을 져야 합니다. 결국 구체적인 상황에 따라 판단이 달라지는 것입니다. 중개사가 할 수 있는 범위 내에서 최선을 다했는지가 핵심입니다.

중개사에게 문제가 생기면 어떻게 보상을 받을 수 있을까요? 공인중개사법은 중개사에게 손해배상 책임을 보장하기 위한 장치를 마련하고 있습니다. 모든 공인중개사는 업무를 시작하기 전에 보증보험에 가입하거나 공제에 가입해야 합니다. 보증 금액은 개인 중개사무소의 경우 2억 원 이상, 법인의 경우 4억 원 이상입니다. 만약 중개사의 잘못으로 손해를 입었다면, 이 보험이나 공제를 통해 배상을 받을 수 있습니다.

중개수수료에 대해서도 알아 둘 필요가 있습니다. 중개수수료는 법정 한도 내에서 정해집니다. 주택의 경우 거래 금액에 따라 상한 요율이 정해져 있어서, 이를 초과하는 수수료를 요구하면 위법입니다. 수수료는 거래가 성사된 경우에만 발생합니다. 단순히 매물을 소개했다고 해서 수수료를 청구할 수는 없습니다. 계약이 체결되어야 비로소 중개 업무가 완료된 것이기 때문입니다.

가끔 무자격자가 부동산 중개를 하는 경우가 있습니다. 공인중개사 자격이 없는 사람이 중개 행위를 하는 것은 불법입니다. 이런 무자격 중개를 '무등록 중개' 또는 '불법 중개'라고 합니다. 무자격 중개로 인해 손해를 입었다면 해당 중개인에게 손해배상을 청구할 수 있습니다. 다만 보증보험이나 공제에 가입되어 있지 않으므로 실제로 배상을 받기 어려울 수 있습니다. 처음부터 자격 있는 중개사인지 확인하는 것이 중요합니다.

공인중개사가 자격증을 보유하고 있는지는 국토교통부의 '공인중개사 자격조회 시스템'이나 한국공인중개사협회 홈페이지에서 확인할 수 있습니다. 중개사무소에는 공인중개사 자격증과 중개사무소 등록증이 눈에 잘 띄는 곳에 게시되어 있어야 합니다. 계약 전에 이것을 확인하는 습관을 들이면 좋습니다. 또한 중개사무소 등록번호를 확인하면 실제로 영업 중인 적법한 사무소인지도 알 수 있습니다.

결국 공인중개사는 부동산 거래의 조력자입니다. 전문 지식을 바탕으로 거래가 안전하게 이루어지도록 돕는 역할을 합니다. 그 대가로 수수료를 받고, 그 역할에 상응하는 책임을 집니다. 좋은 중개사를 만나면 복잡한 부동산 거래가 한결 수월해집니다. 하지만 중개사에게만 의존해서는 안 됩니다. 기본적인 확인은 본인이 직접 하고, 의문이 있으면 질문하고, 중요한 사항은 서면으로 받아 두는 것이 현명한 자세입니다. 내 재산은 결국 내가 지켜야 하니까요.

08
하자 있는 부동산을 샀다면
— 매도인의 담보책임

기대에 부풀어 새 집에 이사를 왔습니다. 그런데 장마철이 되자 벽에서 물이 새기 시작합니다. 알고 보니 지붕에 심각한 누수 문제가 있었습니다. 매도인은 이 사실을 알면서도 숨긴 것 같습니다. 이럴 때 매수인은 어떤 권리를 주장할 수 있을까요? 하자 있는 부동산을 샀을 때 매도인이 지는 책임, 이것을 법에서는 '담보책임'이라고 부릅니다. 비싼 돈을 주고 산 집에 문제가 있다면, 당연히 책임을 물을 수 있어야 합니다.

담보책임이란 매매 목적물에 하자가 있거나 권리에 문제가 있을 때 매도인이 지는 책임입니다. 매도인은 완전한 물건을 넘겨줄 의무가 있습니다. 여기서 '완전한 물건'이란 계약에서 예정한 품질과 성능을 갖춘 물건을 말합니다. 만약 넘겨준 물건에 문제가 있다면 그에 대해 책임을 져야 합니다. 중요한 점은 이것이 매도인의 고의나 과실 여부와 관계없이 인정되는 책임이라는 것입니다. 매도인이 하자를 전혀 몰랐더라도 책임을 질 수 있습니다.

담보책임에는 여러 종류가 있습니다. 가장 흔한 것이 '하자담보책임'입니다. 이것은 매매 목적물 자체에 물리적·법률적 결함이 있는 경우입니다. 앞서 예로 든 누수 문제가 여기에 해당합니다. 건물의 구조적 결함, 설비의 고장, 단열 불량, 해충 피해, 곰팡이 문제 등 물리적인 하자가 모두 포함됩니다. 또한 건축법 위반으로 불법건축물인 경우처럼 법률적 하자도 포함됩니다. 이런 하자가 있다면 매수인은 매도인에게 손해배상을 청구하거나, 심한 경우 계약을 해제할 수도 있습니다.

또 다른 담보책임으로 '권리의 하자에 대한 책임'이 있습니다. 이것은 매매 목적물의 권리관계에 문제가 있는 경우입니다. 예를 들어, 산 부동산에 타인의 저당권이 설정되어 있거나, 제3자가 소유권을 주장하거나, 지상권이나 지역권 같은 용익물권이 설정되어 있거나, 법적으로 사용이 제한되는 경우 등입니다. 등기부에 기재되지 않은 임차인이 있는 경우도 여기에 해당할 수 있습니다. 이럴 때도 매도인은 매수인에게 책임을 져야 합니다.

하자담보책임이 인정되려면 몇 가지 요건을 갖춰야 합니다. 먼저, 하자가 계약 당시에 이미 존재해야 합니다. 계약 후에 새로 생긴 문제는 담보책임의 대상이 아닙니다. 이사 온 후에 지진이나 홍수로 건물이 손상되었다면 그것은 매도인의 책임이 아닙니다. 또한, 매수인이 그 하자를 몰랐어야 합니다. 하자를 알면서 산 경우에는 담보책임을 물을 수 없습니다. 이미 알고 있었다면 그만큼 가격 협상에 반영되었을 테니까요.

그렇다면 '숨은 하자'란 무엇일까요? 이것은 통상적인 주의를 기울여도 발견하기 어려운 하자를 말합니다. 벽 안에 숨겨진 배관의 누수, 기초 구조의 균열, 계절이 바뀌어야 드러나는 결로나 누수, 일정 시간이 지나야 나타나는 지반 침하 같은 것들입니다. 이런 숨은 하자는 계약 당시에 발견하기 어려우므로, 나중에 발견되더라도 담보책임을 물을 수 있습니다. 반면, 눈에 보이는 명백한 하자는 매수인이 집을 둘러볼 때 확인했어야 하므로 담보책임을 묻기 어렵습니다.

담보책임을 행사하는 데는 기간 제한이 있습니다. 민법은 매수인이 하자를 안 날로부터 6개월 이내에 권리를 행사해야 한다고 정하고 있습니다. 이 기간을 '제척기간'이라고 하는데, 이 기간이 지나면 권리 자체가 소멸합니다. 하자를 발견하면 빨리 행동해야 합니다. 다만, 매도인이 하자를 알면서 고의로 숨긴 경우에는 이 기간 제한이 적용되지 않습니다. 이 경우는 사기에 해당하므로 일반 불법행위 책임을 물을 수 있고, 그 시효는 3년입니다.

담보책임이 인정되면 매수인은 어떤 권리를 행사할 수 있을까요? 먼저 손해배상을 청구할 수 있습니다. 하자를 수리하는 데 드는 비용, 그로 인해 발생한 기타 손해 등을 배상받을 수 있습니다. 만약 하자가 심각해서 계약의 목적을 달성할 수 없다면 계약을 해제할 수도 있습니다. 예를 들어, 주거 목적으로 집을 샀는데 건물이 붕괴 위험이 있어서 살 수 없는 경우입니다. 계약이 해제되면 이미 지급한 대금을 돌려받고 부동산을 반환하게 됩니다.

　실무에서 자주 문제가 되는 것이 '현상태 매매' 특약입니다. 계약서에 '현재 상태 그대로 매매한다'는 조항이 있는 경우입니다. 중고 주택 거래에서 흔히 볼 수 있는 문구입니다. 이런 특약이 있으면 매도인의 담보책임이 면제될까요? 판례는 이 특약이 있더라도 모든 담보책임이 면제되는 것은 아니라고 봅니다. 특히 매도인이 하자를 알면서 고의로 숨긴 경우에는 이 특약에도 불구하고 책임을 져야 합니다. '현상태 매매'는 매수인이 알 수 있었던 하자에 대해서만 책임을 면제해 주는 것이지, 숨은 하자나 고의로 숨긴 하자까지 면제해 주는 것이 아닙니다.

　신축 건물의 경우에는 조금 다른 법리가 적용됩니다. 주택법이나 건축물분양법에 따라 분양받은 주택에 하자가 있으면 시공사나 분양사에게 하자보수를 청구할 수 있습니다. 하자의 종류에 따라 담보 기간이 다르게 정해져 있습니다. 이것은 민법의 담보책임과는 별개의 특별한 보호 장치입니다. 신축 아파트나 빌라를 분양받은 경우에는 이 제도를 활용할 수 있습니다.

　하자 있는 부동산을 사지 않으려면 어떻게 해야 할까요? 가장 중요한 것은 계약 전 철저한 조사입니다. 건물의 상태를 꼼꼼히 살펴야 합니다. 벽, 천장, 바닥에 얼룩이나 곰팡이는 없는지, 창문과 문은 잘 열리고 닫히는지, 수도와 배수는 원활한지 직접 확인해야 합니다. 가능하면 전문가의 도움을 받아 점검하는 것이 좋습니다. 등기부등본과 건축물대장을 확인하여 권리관계와 건물의 적법성을 파악해야 합니다. 의심되는 부분이 있으면 매도인에게 직접 질문하고, 그 답변을 계약서에 기재해 두는 것도 방법입니다.

결국 담보책임은 매수인을 보호하기 위한 제도입니다. 비싼 돈을 주고 산 부동산에 문제가 있다면 매도인이 책임을 져야 합니다. 하지만 담보책임만 믿고 조사를 소홀히 해서는 안 됩니다. 분쟁이 생기면 시간과 비용이 많이 들고, 법적 절차의 결과도 불확실합니다. 처음부터 문제없는 부동산을 고르는 것이 최선입니다. 꼼꼼한 확인이 나중의 큰 걱정을 덜어 줍니다. 예방이 치료보다 낫다는 말, 부동산 거래에서도 꼭 들어맞습니다.

09
분양권과 입주권, 아직 없는 집을 사는 법

아파트 분양 광고를 보면 화려한 조감도와 함께 '청약 접수'라는 문구가 눈에 띕니다. 아직 짓지도 않은 아파트를 미리 계약하는 것, 이것이 바로 분양입니다. 분양을 받으면 '분양권'이라는 것을 갖게 됩니다. 비슷한 개념으로 '입주권'이라는 것도 있습니다. 뉴스에서 재개발, 재건축 이야기가 나올 때 자주 등장하는 용어입니다. 이 두 가지는 어떻게 다르고, 법적으로 어떤 의미를 가질까요? 아직 존재하지 않는 집에 대한 권리, 그 독특한 세계를 살펴봅시다.

분양권이란 아파트 등 건물의 분양계약을 체결한 사람이 가지는 권리입니다. 건설회사가 아파트를 짓기로 하고 분양 공고를 냅니다. 청약을 통해 당첨되면 분양계약을 체결합니다. 이때 건물은 아직 완성되지 않았습니다. 설계도와 모델하우스만 있을 뿐, 실제 아파트는 존재하지 않습니다. 그러므로 소유권을 가진 것은 아닙니다. 건물이 완성되면 소유권을 취득할 수 있는 권리, 그것이 분양권입니다. 법적으로는 '부동산을 분양받을 수 있는 지위' 또는 '분양계약상의 권리'라고 표현합니다.

분양권은 재산적 가치가 있습니다. 분양받은 아파트의 예상 시세가 분양가보다 높다면 분양권의 가치도 그만큼 올라갑니다. 이른바 '프리미엄'이 붙는 것입니다. 그래서 분양권을 사고파는 거래가 활발합니다. 분양권 거래는 기존 분양자의 지위를 새로운 사람에게 넘기는 것입니다. 분양계약의 당사자가 바뀌는 것이므로 '지위 이전' 또는 '권리 양도'라고 부릅니다.

하지만 분양권 거래에는 제한이 있습니다. 부동산 투기를 막기 위해 법은 일정 기간 분양권 전매를 금지하고 있습니다. '전매'란 분양받은 지위를 다른 사람에게 파는 것입니다. 특히 투기과열지구나 조정대상지역에서는 전매 제한이 엄격합니다. 소유권 이전등기 시까지 전매가 금지되는 경우도 있습니다. 이 말은 건물이 완공되어 등기를 할 때까지는 분양권을 팔 수 없다는 뜻입니다. 이런 규정을 어기고 분양권을 거래하면 계약이 무효가 될 수 있고, 분양 자격을 박탈당할 수도 있습니다.

입주권은 조금 다른 개념입니다. 재개발이나 재건축 같은 정비사업에서 조합원이 가지는 권리를 말합니다. 오래된 주택 밀집 지역이나 낡은 아파트 단지를 헐고 새 아파트를 짓는 사업에서, 기존 소유자가 새 아파트를 분양받을 수 있는 권리가 입주권입니다. 분양권이 분양계약에서 나오는 것이라면, 입주권은 정비사업의 조합원 자격에서 나옵니다. 정비구역 내에 부동산을 소유하고 있으면 조합원이 되고, 조합원이 되면 새 아파트를 배정받을 권리가 생깁니다.

입주권의 법적 성격은 복잡합니다. 정비사업의 진행 단계에 따라 그 내용이 달라지기 때문입니다. 사업 초기에는 조합원으로서 사업에 참여할 권리 정도입니다. 어떤 아파트를 받게 될지도 아직 모릅니다. 그러다가 '관리처분계획'이 인가되면 상황이 달라집니다. 관리처분계획이란 새 아파트를 누구에게 어떻게 배분할지를 정하는 계획입니다. 이 계획이 확정되면 구체적으로 어떤 동, 어떤 호수의 아파트를 배정받을지 정해집니다. 이 단계가 되면 입주권은 실질적으로 분양권과 비슷한 성격을 갖게 됩니다.

분양권과 입주권 거래에서 가장 주의해야 할 것은 '계약의 대상'입니다. 아직 존재하지 않는 건물에 대한 권리를 사는 것이므로, 그 권리가 정말로 유효한지 확인해야 합니다. 분양권의 경우 분양계약서 원본을 확인해야 합니다. 분양대금을 얼마나 납부했는지, 남은 납부액은 얼마인지 검토해야 합니다. 전매 제한 기간이 지났는지도 확인해야 합니다. 입주권의 경우 조합원 자격이 유효한지, 조합비나 부담금은 얼마인지, 사업이 정상적으로 진행되고 있는지 확인해야 합니다.

분양권 거래의 절차를 살펴봅시다. 먼저 기존 분양자와 새로운 매수인이 권리양도계약을 체결합니다. 매매대금과 지급 조건을 정합니다. 그다음 시행사(또는 시공사)에 명의변경을 신청합니다. 시행사의 동의가 필요한 경우가 많으므로 미리 확인해야 합니다. 시행사가 명의변경을 승인하고 새로운 분양계약서를 발급하면 거래가 완료됩니다. 잔여 분양대금은 새로운 분양자가 납부하게 됩니다. 이 과정에서 시행사에 내는 명의변경 수수료도 있습니다.

분양권 거래에서 발생하는 세금도 알아 둬야 합니다. 분양권을 양도하면 양도소득세가 부과됩니다. 분양권은 부동산이 아니라 '부동산을 취득할 수 있는 권리'이지만, 세법에서는 부동산과 마찬가지로 양도소득세를 부과합니다. 특히 단기간에 거래하면 높은 세율이 적용될 수 있습니다. 분양권 취득 후 1년 미만에 양도하면 70%, 1년 이상이면 60%의 높은 세율이 적용될 수 있습니다.

분양권이나 입주권 거래에는 위험도 따릅니다. 가장 큰 위험은 사업이 무산되는 것입니다. 시행사가 부도나거나 자금 문제로 공사가 중단되면 분양권의 가치는 급락합니다. 완공이 지연되어 몇 년씩 기다려야 하는 경우도 있습니다. 정비사업의 경우 조합 내부 분쟁이나 사업성 악화로 사업이 중단되거나 해제되는 경우도 있습니다. 권리만 있고 집은 못 받는 상황이 생길 수 있는 것입니다. 이미 낸 분양대금이나 투자금을 돌려받기도 쉽지 않습니다.

그래서 분양권이나 입주권을 살 때는 사업의 안정성을 꼭 확인해야 합니다. 분양권의 경우 시행사와 시공사의 재무 상태, 사업 진행 상황, 분양률을 검토해야 합니다. 분양률이 낮으면 사업이 지연되거나 무산될 위험이 높습니다. 입주권의 경우 조합의 재정 상태, 사업시행인가나 관리처분인가 여부, 예상 분담금, 사업 일정 등을 확인해야 합니다. 전문가의 조언을 받는 것도 좋은 방법입니다. 감정평가사나 법무사, 변호사에게 자문을 구하면 위험을 줄일 수 있습니다.

아직 없는 집을 산다는 것은 미래에 대한 기대를 사는 것입니다. 그 기대가 현실이 되려면 많은 것들이 순조롭게 진행되어야 합니다. 설계대로 건물이 지어져야 하고, 시행사가 자금을 잘 관리해야 하며, 사업이 무사히 완료되어야 합니다. 최종적으로 준공 검사를 받고 등기가 이루어져야 비로소 소유권을 취득합니다. 그 과정에서 여러 변수가 생길 수 있습니다. 분양권과 입주권의 법적 의미를 이해하고, 위험을 충분히 인식한 후에 거래를 결정하는 것이 현명합니다. 기대와 현실 사이의 간극을 잘 살펴야 합니다.

10

명의신탁, 왜 법이 금지하는가

부동산 등기부에는 소유자의 이름이 기재됩니다. 그런데 실제로 돈을 내고 산 사람과 등기부에 이름이 올라간 사람이 다르다면 어떨까요? 내 돈으로 집을 샀지만 형 이름으로 등기를 해 두는 것, 이것이 바로 '명의신탁'입니다. 과거에는 흔했던 관행입니다. 부모님 세대에는 이런 일이 많았습니다. 하지만 지금은 법으로 금지되어 있습니다. 왜 법은 이것을 금지했을까요? 그리고 명의신탁을 하면 어떤 일이 생길까요?

명의신탁이란 부동산의 실제 소유자와 등기 명의자가 다른 상태를 말합니다. 실제로 돈을 내고 부동산을 산 사람을 '신탁자'라고 부르고, 등기 명의를 빌려준 사람을 '수탁자'라고 부릅니다. 신탁자가 수탁자에게 명의를 빌려 등기를 해 두는 것입니다. 외부에서 보면 수탁자가 소유자처럼 보이지만, 내부적으로는 신탁자가 진정한 주인입니다. 둘 사이에는 '이 부동산은 사실 내 것이니 나중에 돌려달라'는 약속이 있습니다.

사람들은 왜 명의신탁을 했을까요? 여러 이유가 있었습니다. 가장 흔한 것은 세금을 피하기 위해서입니다. 부동산을 여러 채 가지고 있으면 종합부동산세 부담이 커집니다. 여러 사람 이름으로 분산해 두면 세금을 줄일 수 있습니다. 양도소득세를 피하기 위해 명의를 이용하는 경우도 있었습니다. 채권자의 추적을 피하기 위해서, 부동산 투기 규제를 회피하기 위해서 명의신탁을 하기도 했습니다. 때로는 가족 간의 편의를 위해서, 예를 들어 해외에 사는 자녀 대신 국내 가족 이름으로 등기해 두는 경우도 있었습니다.

과거에는 이것이 불법이 아니었습니다. 법원도 당사자 간의 약정으로서 유효하다고 인정했습니다. 하지만 1995년 제정된 '부동산 실권리자명의 등기에 관한 법률'(줄여서 '부동산실명법')이 상황을 바꾸어 놓았습니다. 이 법은 부동산에 관한 소유권 기타 물권을 실제 권리자 명의로 등기할 것을 명령합니다. 다시 말해, 부동산은 실제 주인 이름으로 등기해야 한다는 것입니다. 명의신탁은 원칙적으로 금지되었습니다.

왜 법은 명의신탁을 금지했을까요? 가장 큰 이유는 부동산 거래 질서의 보호입니다. 등기부는 부동산의 권리관계를 공시하는 공적 장부입니다. 누구나 등기부를 열람해서 그 부동산의 주인이 누구인지 확인할 수 있습니다. 사람들은 등기부를 믿고 거래합니다. 그런데 등기와 실제 소유자가 다르다면 어떻게 될까요? 등기부를 믿을 수 없게 됩니다. 거래의 안전이 위협받습니다. 등기를 믿고 부동산을 샀는데 나중에 다른 사람이 진짜 주인이라고 나타난다면 큰 혼란이 생깁니다.

또 다른 이유는 조세 정의의 실현입니다. 명의신탁은 세금을 회피하는 수단으로 악용되었습니다. 여러 사람 이름으로 등기를 분산해서 종합부동산세를 피하거나, 1세대 1주택 비과세 혜택을 부당하게 받거나, 양도소득세를 줄이기 위해 명의를 이용하는 일이 많았습니다. 정직하게 자기 이름으로 등기하고 세금을 내는 사람과의 형평성에 어긋나는 일입니다. 성실한 납세자가 손해를 보는 구조였습니다.

부동산실명법을 위반하면 어떻게 될까요? 먼저 명의신탁 약정 자체가 무효가 됩니다. 신탁자와 수탁자 사이에 '이 부동산은 네 이름으로 해 두지만 실제로는 내 것이야'라고 한 약속이 법적으로 효력이 없다는 뜻입니다. 그리고 그에 따른 등기도 원칙적으로 무효입니다. 다만, 제3자와의 관계에서는 복잡한 법적 문제가 생깁니다. 예를 들어, 수탁자가 그 부동산을 제3자에게 팔아 버리면 어떻게 될까요? 명의신탁 사실을 모르고 정당하게 산 사람에게는 대항할 수 없습니다. 신탁자는 제3자에게 소유권을 주장할 수 없습니다.

명의신탁을 하면 과징금도 부과됩니다. 부동산 가액의 30%에 해당하는 금액이 과징금으로 부과될 수 있습니다. 부동산 가격이 비싸면 과징금도 어마어마해집니다. 10억 원짜리 부동산이라면 3억 원이 과징금입니다. 또한 형사처벌의 대상이 되기도 합니다. 명의신탁으로 법률을 위반한 경우에는 5년 이하의 징역 또는 2억 원 이하의 벌금에 처해질 수 있습니다.

모든 명의신탁이 금지되는 것은 아닙니다. 부동산실명법은 몇 가지 예외를 인정합니다. 종중이나 교회, 사찰 등 단체가 그 명의로 등기할 수 없어서 대표자나 구성원 이름으로 등기하는 경우에는 예외가 인정됩니다. 이런 단체들은 법인격이 없는 경우가 많아서 단체 이름으로 등기가 안 되기 때문입니다. 신탁법에 따른 적법한 신탁의 경우에도 명의신탁 금지 규정이 적용되지 않습니다. 또한 배우자 명의로 등기하는 것은 조세 포탈이나 법령 회피 목적이 아니라면 형사처벌을 받지 않습니다.

명의신탁 상태에 있는 부동산은 어떻게 해야 할까요? 가능한 빨리 실명으로 전환해야 합니다. 수탁자 명의에서 신탁자 명의로 등기를 옮기는 것입니다. 이때도 취득세 등 비용이 발생합니다. 형식적으로는 소유권 이전이므로 세금을 내야 합니다. 하지만 계속 명의신탁 상태를 유지하는 것보다는 낫습니다. 명의신탁 기간이 길어질수록 과징금도 늘어나고, 언제 적발될지 모르는 법적 위험도 커지기 때문입니다.

명의신탁을 둘러싼 분쟁도 많습니다. 가장 흔한 것은 수탁자가 부동산을 돌려주지 않는 경우입니다. 형 이름으로 등기해 둔 집을 형이 자기 것이라고 우기는 상황입니다. '내가 돈을 냈으니 내 것이다'라고 주장하고 싶지만, 법적으로 상황이 쉽지 않습니다. 명의신탁 약정이 무효이므로 등기 명의를 받을 권리를 주장하기 어렵습니다. 부당이득반환청구를 할 수는 있지만, 오랜 시간과 비용이 들고 결과도 불확실합니다. 결국 불법적인 약정에 의지한 대가를 치르게 되는 것입니다. 믿었던 가족이나 친구에게 배신당하는 경우도 많습니다.

결국 명의신탁은 득보다 실이 많은 행위입니다. 세금을 조금 아끼려다가 더 큰 과징금을 물 수 있고, 형사처벌까지 받을 수 있습니다. 믿었던 사람에게 재산을 빼앗길 위험도 있습니다. 법이 명의신탁을 금지하는 이유는 개인의 이익뿐 아니라 사회 전체의 거래 안전과 조세 정의를 위해서입니다. 등기부를 믿고 거래할 수 있는 사회, 정직하게 세금을 내는 사람이 손해 보지 않는 사회를 만들기 위함입니다. 부동산은 반드시 자기 이름으로 등기하는 것, 이것이 가장 안전하고 현명한 선택입니다. 편법은 결국 자기 발등을 찍습니다.

제2장

부동산 임대차

— 세입자의 권리, 집주인의 책임

01
임대차계약의 기본 구조 이해하기

처음 독립해서 집을 구하던 날을 떠올려 봅니다. 부모님 집을 나와 혼자 살 공간을 찾아 나섰을 때, 설렘과 두려움이 교차했습니다. 복덕방 문을 열고 들어가 "전세 있나요?" 하고 물었던 그 순간, 우리는 처음으로 '임대차'라는 법률관계의 세계에 발을 들여놓은 것입니다. 그런데 임대차란 정확히 무엇일까요? 전세와 월세는 어떻게 다른 걸까요? 오늘은 임대차계약의 기본 구조를 차근차근 살펴보겠습니다.

임대차란 한쪽이 상대방에게 물건을 사용하게 해 주고, 상대방은 그 대가로 차임을 지급하기로 하는 계약입니다. 우리 민법 제618조에 이렇게 정의되어 있습니다. 쉽게 말해, 집주인이 세입자에게 집을 빌려 주고, 세입자는 그 대가로 돈을 내는 것입니다. 여기서 집주인을 '임대인', 세입자를 '임차인'이라고 부릅니다. 빌려주는 대가로 받는 돈을 '차임'이라고 합니다. 월세가 대표적인 차임입니다.

그런데 우리나라에는 독특한 제도가 있습니다. 바로 '전세'입니다. 전세는 세계적으로 유례가 없는 한국 특유의 주거 형태입니다. 전세에서는 매달 월세를 내는 대신, 계약 초기에 큰 금액의 보증금을 맡깁니다. 그리고 계약이 끝나면 그 보증금을 돌려받습니다. 집주인은 그 보증금을 운용해서 수익을 얻고, 세입자는 월세 부담 없이 거주할 수 있습니다. 서로에게 이득이 되는 구조였기에 오랫동안 유지되어 왔습니다.

전세와 월세의 중간 형태도 있습니다. '반전세' 또는 '보증부 월세'라고 불리는 것입니다. 일정 금액의 보증금을 내고, 그보다 적은 금액의 월세를 내는 방식입니다. 예를 들어 보증금 1억 원에 월세 50만 원 같은 형태입니다. 금리가 낮아지면서 집주인들이 전세보다 월세를 선호하게 되었고, 그 타협점으로 반전세가 많아졌습니다. 세입자 입장에서는 순수 월세보다 월 부담이 적고, 집주인 입장에서는 순수 전세보다 안정적인 수입이 생깁니다.

임대차계약을 체결할 때는 계약서를 작성합니다. 계약서에는 기본적으로 임대인과 임차인의 인적사항, 임대차 목적물의 표시, 보증금과 차임의 금액, 계약 기간, 특약사항 등이 들어갑니다. 이 중에서 특히 중요한 것이 보증금과 차임, 그리고 계약 기간입니다. 이 세 가지가 임대차계약의 핵심 내용이기 때문입니다.

보증금은 세입자가 계약 체결 시에 집주인에게 맡기는 돈입니다. 이 돈은 여러 가지 기능을 합니다. 우선, 세입자가 월세를 밀리거나 집을 파손했을 때 그 손해를 담보합니다. 또한 계약이 끝났는데도 세입자가 집을 안 비워 줄 경우에 대비하는 역할도 합니다. 전세의 경우에는 보증금 자체가 차임을 대신하는 기능을 합니다. 보증금은 계약이 끝나고 집을 비워 줄 때 돌려받습니다. 물론 밀린 월세나 손해배상금이 있다면 그만큼 공제하고 돌려받게 됩니다.

계약 기간은 언제부터 언제까지 그 집에서 살 수 있는지를 정하는 것입니다. 민법상으로는 임대차 기간을 자유롭게 정할 수 있습니다. 다만 주택임대차보호법이라는 특별법이 있어서, 일정한 보호를 받는 주택 임대차의 경우 최소 기간이 보장됩니다. 이에 대해서는 뒤에서 자세히 살펴보겠습니다. 중요한 것은, 계약 기간이 끝나도 자동으로 계약이 끝나는 것은 아니라는 점입니다. 갱신에 관한 복잡한 법리가 있습니다.

임대차계약에서 양쪽 당사자에게는 각각의 권리와 의무가 있습니다. 임대인, 즉 집주인의 가장 기본적인 의무는 세입자가 그 집을 사용할 수 있게 해 주는 것입니다. 단순히 열쇠를 건네주는 것만으로는 부족합니다. 계약 기간 동안 세입자가 정상적으로 거주할 수 있도록 집을 유지해야 합니다. 지붕이 새거나 보일러가 고장 나면 집주인이 수리해 줘야 합니다. 이것을 '수선의무'라고 합니다.

반면 임차인, 즉 세입자의 가장 기본적인 의무는 차임을 지급하는 것입니다. 월세라면 매달 정해진 날짜에 월세를 내야 합니다. 또한 집을 선량한 관리자의 주의로 사용해야 합니다. 함부로 구조를 바꾸거나 용도 외로 사용해서는 안 됩니다. 계약이 끝나면 집을 원래 상태로 돌려주어야 합니다. 이것을 '원상회복의무'라고 합니다. 다만 통상적인 사용에 따른 마모나 손상은 원상회복의 대상이 아닙니다.

임대차계약에서 가장 중요한 것은 무엇일까요? 세입자 입장에서는 단연 '보증금을 돌려받을 수 있느냐'입니다. 아무리 좋은 조건으로 계약을 했더라도, 나중에 보증금을 못 돌려받으면 큰 손해입니다. 특히 전세의 경우 보증금 액수가 크기 때문에 더욱 중요합니다. 이 보증금을 어떻게 지킬 수 있는지, 법은 어떤 보호 장치를 마련해 두었는지, 이어지는 내용에서 하나씩 알아보겠습니다.

임대차계약은 집주인과 세입자 사이의 약속입니다. 하지만 단순한 약속을 넘어서, 법이 정한 틀 안에서 움직입니다. 그 틀을 이해해야 내 권리를 지킬 수 있습니다. 처음 독립해서 계약서에 도장을 찍던 그 순간부터, 우리는 이미 법의 보호 아래 들어온 것입니다. 그 보호가 무엇인지 아는 것, 그것이 안전한 주거의 시작입니다.

02
주택임대차보호법, 세입자를 지키는 방패

1981년, 중요한 법률이 탄생했습니다. '주택임대차보호법'입니다. 이 법이 만들어지기 전까지 세입자들은 매우 약한 위치에 있었습니다. 집주인이 집을 팔아 버리면 새 주인에게 "나가라"는 말을 들어야 했습니다. 보증금을 돌려받지 못해도 마땅한 구제 수단이 없었습니다. 경제 발전과 도시화로 주택 수요가 폭발하던 시기, 힘없는 세입자들을 보호하기 위해 이 특별한 법이 만들어졌습니다.

주택임대차보호법은 이름 그대로 주택 임대차에 관한 특별법입니다. 민법에도 임대차에 관한 규정이 있지만, 그것만으로는 세입자 보호가 충분하지 않았습니다. 그래서 주택 임대차에 한해서 민법보다 더 강한 보호를 제공하는 법을 따로 만든 것입니다. 이 법은 민법의 특별법이므로, 주택 임대차에 관해서는 민법보다 우선 적용됩니다.

이 법의 보호를 받으려면 일정한 요건을 갖추어야 합니다. 우선 '주거용 건물'이어야 합니다. 상가나 사무실은 이 법의 적용을 받지 않습니다. 상가에는 별도로 '상가건물 임대차보호법'이 있습니다. 또한 주민등록상 주소지로 전입신고를 해야 합니다. 전입신고 없이는 이 법의 핵심적인 보호를 받을 수 없습니다. 전입신고가 왜 그렇게 중요한지는 다음 장에서 자세히 다루겠습니다.

주택임대차보호법이 세입자에게 주는 가장 중요한 보호는 '대항력'입니다. 대항력이란 제삼자에게 "나도 여기 살 권리가 있다"고 주장할 수 있는 힘입니다. 원래 임대차계약은 집주인과 세입자 사이의 계약일 뿐입니다. 그런데 집주인이 집을 다른 사람에게 팔아 버리면 어떻게 될까요? 민법의 원칙대로라면 새 집주인에게 임대차계약의 효력을 주장할 수 없습니다. 하지만 대항력이 있으면 새 집주인에게도 "나 계약기간 끝날 때까지 여기 살 거야"라고 말할 수 있습니다.

대항력은 어떻게 생길까요? 두 가지 요건이 필요합니다. 첫째, 주택을 인도받아야 합니다. 쉽게 말해 이사를 들어가서 실제로 거주해야 한다는 뜻입니다. 둘째, 전입신고를 해야 합니다. 주민센터에 가서 이 주소로 전입했다고 신고하는 것입니다. 이 두 가지를 모두 갖추면 그 다음 날 0시부터 대항력이 생깁니다. "그다음 날"이라는 점을 기억해야 합니다. 오늘 이사하고 오늘 전입신고를 해도, 대항력은 내일부터 생깁니다.

주택임대차보호법의 또 다른 중요한 보호는 '우선변제권'입니다. 집이 경매에 넘어갔을 때, 보증금을 다른 채권자보다 먼저 받을 수 있는 권리입니다. 집주인이 빚을 갚지 못해서 집이 경매에 넘어가면, 여러 채권자가 그 돈을 나눠 가져갑니다. 이때 은행 같은 담보권자가 먼저 돈을 가져가고, 남은 돈을 다른 채권자들이 나눕니다. 우선변제권이 있으면 세입자도 이 서열에 끼어들 수 있습니다.

우선변제권을 가지려면 대항력 요건에 더해서 '확정일자'가 필요합니다. 확정일자란 그 날짜에 그런 내용의 임대차계약이 있었다는 것을 공적으로 증명해 주는 것입니다. 주민센터나 등기소에서 임대차계약서에 확정일자 도장을 받으면 됩니다. 대항요건과 확정일자를 모두 갖추면, 세입자는 확정일자를 받은 날을 기준으로 우선변제권의 순위를 가집니다.

주택임대차보호법은 최단 임대차 기간도 보장합니다. 당사자가 아무리 짧게 정해도, 법은 최소 2년의 기간을 보장합니다. 1년짜리 계약을 했더라도 세입자가 원하면 2년까지 살 수 있습니다. 다만 세입자가 원해서 2년보다 짧게 살고 싶다면 그것은 가능합니다. 이 규정은 세입자를 보호하기 위한 것이지, 세입자를 2년 동안 묶어 두려는 것이 아니기 때문입니다.

계약 갱신에 관한 보호도 있습니다. 2020년에 도입된 '계약갱신청구권'입니다. 세입자는 최초 계약 기간이 끝날 때 한 번에 한해서 계약 갱신을 청구할 수 있습니다. 집주인은 정당한 사유가 없으면 이를 거절할 수 없습니다. 이렇게 해서 세입자는 최소 4년간의 거주를 보장받을 수 있게 되었습니다. 갱신 시 차임 인상률도 5%로 제한됩니다.

소액임차인을 위한 특별한 보호도 있습니다. 보증금이 일정 금액 이하인 세입자는 '최우선변제권'을 가집니다. 집이 경매에 넘어갔을 때,

담보권자보다도 먼저 일정 금액을 돌려받을 수 있습니다. 그 금액은 지역별로 다르고, 시대에 따라 조정됩니다. 가장 취약한 세입자를 보호하기 위한 제도입니다. 다만 이 권리도 대항요건을 갖춰야 생긴다는 점을 잊지 말아야 합니다.

주택임대차보호법은 세입자를 위한 방패입니다. 하지만 방패가 있어도 제대로 들지 않으면 소용이 없습니다. 전입신고를 안 하면 대항력이 없습니다. 확정일자를 안 받으면 우선변제권이 없습니다. 법이 아무리 좋은 보호 장치를 만들어 놔도, 세입자가 그 요건을 갖추지 않으면 보호받을 수 없습니다. 법을 아는 것, 그리고 그 법이 요구하는 것을 갖추는 것, 그것이 진정한 보호입니다.

1981년에 시작된 이 법은 수십 년간 여러 차례 개정되었습니다. 세상이 바뀌고 주거 환경이 바뀌면서, 법도 함께 변해 왔습니다. 최근에는 전세 사기 피해가 사회문제가 되면서 또다시 제도 개선이 논의되고 있습니다. 중요한 것은 법의 큰 틀을 이해하고, 변화하는 내용을 따라가는 것입니다. 그래야 내 권리를 온전히 지킬 수 있습니다.

03

전입신고와 확정일자, 왜 그렇게 중요한가

이사를 하면 짐 정리하느라 정신이 없습니다. 박스를 풀고, 가구를 배치하고, 인터넷을 연결하고, 할 일이 태산입니다. 그런데 그 바쁜 와중에도 반드시 해야 할 일이 있습니다. 바로 전입신고입니다. "나중에 해도 되지 않나?" 싶을 수 있습니다. 하지만 전입신고를 미루는 것은 내 보증금을 위험에 노출시키는 것과 같습니다. 전입신고가 왜 그토록 중요한지, 지금 그 이유를 명확히 알아보겠습니다.

전입신고란 거주지를 옮겼음을 관할 행정기관에 신고하는 것입니다. 새로 이사한 곳의 주민센터에 가서 "저 이 주소로 이사 왔습니다"라고 신고하면 됩니다. 요즘은 정부24 같은 온라인 사이트에서도 할 수 있습니다. 이사한 날로부터 14일 이내에 해야 합니다. 기한을 넘기면 과태료가 부과될 수 있습니다. 하지만 과태료보다 훨씬 중요한 이유가 있습니다.

앞서 설명한 대로, 주택임대차보호법상 대항력은 '주택의 인도'와 '전입신고'를 모두 갖춰야 생깁니다. 주택의 인도란 실제로 이사해서 들어가 사는 것입니다. 전입신고는 그것을 행정적으로 신고하는 것입니다. 둘 다 갖춰야 합니다. 하나만 있으면 대항력이 없습니다. 아무리 그 집에서 살고 있어도 전입신고가 안 되어 있으면, 법적으로는 대항력이 없는 상태입니다.

대항력이 없으면 어떻게 될까요? 집주인이 그 집을 다른 사람에게 팔 수 있습니다. 새 집주인은 기존 임대차계약에 구속되지 않습니다. 새 집주인이 "나가세요"라고 하면 나가야 합니다. 물론 원래 집주인에게 보증금을 달라고 할 수는 있습니다. 하지만 원래 집주인에게 돈이 없으면요? 결국 보증금을 날리게 됩니다. 대항력은 이런 상황을 막아주는 보호막입니다.

더 무서운 상황도 있습니다. 집에 이미 은행 대출이 잡혀 있는 경우입니다. 근저당권이 설정되어 있다는 뜻입니다. 전입신고를 하기 전에 근저당권이 설정되었다면, 나중에 집이 경매에 넘어갔을 때 은행이 먼저 돈을 가져갑니다. 그다음에 세입자가 돈을 받는데, 남은 돈이 보증금보다 적을 수 있습니다. 그래서 계약 전에 등기부등본을 확인하고, 계약 직후 바로 전입신고를 해야 합니다.

전입신고의 효력은 언제부터 생길까요? 신고한 그날부터가 아닙니다. 신고한 다음 날 0시부터입니다. 이 점이 매우 중요합니다. 예를 들어, 3월 1일에 이사하고 그날 전입신고를 했다면, 대항력은 3월 2일 0시부터 생깁니다. 그런데 만약 3월 1일 오후에 누군가 이 집에 근저당권을 설정했다면요? 그 근저당권이 대항력보다 먼저입니다. 세입자는 경매에서 후순위가 됩니다.

이 때문에 실무에서는 '잔금일'의 일정을 신중하게 잡습니다. 잔금을 치르고, 그날 바로 이사하고, 그날 바로 전입신고를 합니다. 그래도 대항력은 다음 날부터 생기니까, 잔금일 당일에 새로운 권리가 설정되면 위험합니다. 그래서 잔금일 아침에 등기부등본을 한 번 더 확인합니다. 잔금 치르기 직전까지 변동이 없는지 확인하는 것입니다.

확정일자도 전입신고 못지않게 중요합니다. 확정일자란 임대차계약서에 관공서의 도장을 받아 그 날짜에 그 계약이 존재했음을 증명하는 것입니다. 주민센터에서 전입신고를 할 때 임대차계약서를 가져가면 바로 확정일자를 받을 수 있습니다. 비용은 몇백 원에 불과합니다. 이 작은 수고가 큰 차이를 만듭니다.

확정일자가 있으면 '우선변제권'이 생깁니다. 우선변제권이란 집이 경매에 넘어갔을 때 다른 채권자보다 먼저 보증금을 받을 수 있는 권리입니다. 정확히 말하면, 확정일자를 받은 날짜를 기준으로 순위가 정해집니다. 확정일자보다 먼저 설정된 담보권은 세입자보다 앞서고, 확정일자보다 늦게 설정된 담보권은 세입자보다 뒤에 섭니다.

확정일자 없이 대항력만 있으면 어떻게 될까요? 집주인이 집을 팔면 새 집주인에게 "나도 여기 살 권리 있어요"라고는 말할 수 있습니다. 계약 기간까지는 살 수 있습니다. 하지만 집이 경매에 넘어가면 우선변제권이 없으니 다른 채권자들에게 밀립니다. 대항력과 우선변제권은 다른 것입니다. 둘 다 있어야 완전한 보호를 받습니다.

요즘은 전세 계약 시 '임대차 신고제'도 시행되고 있습니다. 보증금이 일정 금액 이상이면 계약 사실을 의무적으로 신고해야 합니다. 이 제도는 임대차 시장의 투명성을 높이고, 전세 사기를 예방하기 위해 도입되었습니다. 신고를 하면 자동으로 확정일자가 부여되는 효과도 있습니다. 제도가 계속 보완되고 있으니, 계약할 때 현행 규정을 확인하는 것이 좋습니다.

결국 전입신고와 확정일자는 세입자의 생명줄입니다. 이 두 가지가 내 보증금을 지켜 주는 법적 도구입니다. 이사 직후 바쁘더라도, 반드시 주민센터에 들러 전입신고를 하고 확정일자를 받으세요. 그리고 나서 한 번 더 등기부등본을 떼서 그 사이에 이상한 권리가 설정되지 않았는지 확인하세요. 이 작은 수고가 수천만 원, 수억 원의 보증금을 지키는 힘이 됩니다.

04

보증금을 지키는 대항력과 우선변제권

　세입자에게 보증금은 전 재산이나 다름없습니다. 특히 전세의 경우 억 단위의 돈이 오갑니다. 그 돈을 집주인에게 맡겨 두고 몇 년을 삽니다. 집주인이 성실한 사람이면 다행이지만, 세상일은 알 수 없습니다. 집주인이 빚에 쫓기거나, 집을 팔아 버리거나, 심지어 사기를 칠 수도 있습니다. 보증금을 지키려면 법이 주는 보호 장치를 정확히 이해해야 합니다. 그 핵심이 대항력과 우선변제권입니다.

　대항력이란 무엇일까요? 한마디로, 제삼자에게 "나도 권리 있어요"라고 주장할 수 있는 힘입니다. 원래 계약은 계약 당사자 사이에서만 효력이 있습니다. 집주인과 세입자가 계약을 맺었으면, 그 계약은 그 둘 사이에서만 유효합니다. 제삼자인 새 집주인이나 채권자에게는 원칙적으로 주장할 수 없습니다. 하지만 대항력이 있으면 제삼자에게도 "나 여기 살 권리 있어요. 내 계약 존중해 주세요"라고 말할 수 있습니다.

구체적인 예를 들어 보겠습니다. 세입자 A가 집주인 B와 전세 계약을 맺었습니다. A는 전입신고를 하고 거주하면서 대항력을 갖췄습니다. 그 후 B가 그 집을 C에게 팔았습니다. C는 새로운 집주인입니다. C가 A에게 "나가세요"라고 할 수 있을까요? 할 수 없습니다. A에게 대항력이 있기 때문입니다. A는 원래 계약 기간이 끝날 때까지 거기 살 권리가 있고, C는 B의 임대인 지위를 승계합니다.

대항력의 발생 시점이 중요합니다. 대항력은 주택 인도와 전입신고를 모두 갖춘 다음 날 0시에 발생합니다. 이 시점이 기준입니다. 대항력 발생 전에 등기된 권리는 세입자보다 우선합니다. 대항력 발생 후에 등기된 권리는 세입자보다 후순위입니다. 예를 들어, 세입자의 대항력이 3월 2일 0시에 발생했는데, 3월 1일에 근저당권이 설정되었다면, 그 근저당권이 세입자보다 앞섭니다.

그래서 계약 전에 등기부등본을 확인하는 것이 중요합니다. 이미 근저당권이 설정되어 있다면, 세입자는 아무리 전입신고를 빨리 해도 그 근저당권보다 후순위가 됩니다. 집이 경매에 넘어가면 은행이 먼저 돈을 가져가고, 세입자는 남은 돈에서 받습니다. 남은 돈이 보증금보다 적으면 손해를 봅니다. 이것이 '깡통전세'의 위험입니다.

우선변제권은 대항력보다 한 발 더 나아간 보호입니다. 대항력만 있으면 집주인이 바뀌어도 계속 살 수는 있지만, 집이 경매에 넘어갔을 때 보증금을 확실히 받을 수 있는 것은 아닙니다. 우선변제권이 있어야 경매 대금에서 순위에 따라 배당받을 수 있습니다. 우선변제권을 갖추려면 대항요건(주택 인도 + 전입신고)에 더해서 확정일자가 필요합니다.

우선변제권의 순위는 어떻게 정해질까요? 확정일자를 받은 날짜와 대항력 발생일 중 늦은 날을 기준으로 합니다. 예를 들어, 3월 1일에 전입신고를 해서 3월 2일에 대항력이 생겼고, 3월 3일에 확정일자를 받았다면, 우선변제권의 순위는 3월 3일 기준입니다. 3월 2일까지 설정된 담보권보다는 후순위가 됩니다.

그렇다면 가장 좋은 방법은 무엇일까요? 이사 당일, 전입신고와 확정일자를 동시에 받는 것입니다. 주민센터에 가서 전입신고를 하면서 임대차계약서에 확정일자 도장도 받으세요. 이렇게 하면 대항력과 우선변제권의 기준일이 같아집니다. 그리고 그 전날까지 등기부등본에 새로운 권리가 설정되지 않았다면, 세입자는 가장 유리한 순위를 확보하게 됩니다.

소액임차인에게는 '최우선변제권'이라는 더 강력한 보호가 있습니다. 보증금이 일정 금액 이하인 세입자는, 대항요건만 갖추면 확정일자 없이도 일정 금액을 가장 먼저 받을 수 있습니다. 심지어 선순위 담보권자보다도 먼저입니다. 이것은 주거 취약계층을 보호하기 위한 제도입니다. 다만, 보호받는 금액에 한도가 있고, 지역별로 기준이 다릅니다.

대항력과 우선변제권이 있어도 보증금을 완전히 돌려받지 못하는 경우가 있습니다. 선순위 권리가 너무 많으면 경매 대금이 모자랍니다. 그래서 계약 전 꼼꼼한 확인이 중요합니다. 등기부등본을 떼서 근저당권 설정 금액을 확인하세요. 근저당권 금액과 내 보증금을 합한 것이 집값보다 크면 위험합니다. 이런 집은 피하는 것이 현명합니다.

최근 전세 사기 피해가 늘면서 제도 보완이 이어지고 있습니다. 전세보증보험, 전세보증금 반환보증 같은 보험 상품도 있습니다. 만약을 대비해서 이런 보험에 가입하는 것도 방법입니다. 또한 국토교통부의 '안심전세앱' 같은 서비스를 활용하면 집주인의 세금 체납 여부, 선순위 임차인 현황 등을 확인할 수 있습니다.

결국 보증금을 지키는 것은 법적 지식과 꼼꼼한 확인의 조합입니다. 대항력과 우선변제권의 의미를 정확히 이해하세요. 계약 전에 등기부등본을 확인하세요. 계약 후에는 즉시 전입신고와 확정일자를 갖추세요. 필요하다면 전세보증보험도 고려하세요. 이런 노력들이 모여서 내 보증금을 안전하게 지켜줍니다. 보증금은 스스로 지키는 것입니다.

05
임대차 기간과 계약갱신청구권

"계약 기간이 끝나면 나가야 하나요?" 세입자들이 가장 많이 하는 질문 중 하나입니다. 2년 계약으로 들어왔는데 2년이 지났습니다. 집주인이 "나가라"고 하면 정말 나가야 할까요? 아니면 더 살 수 있을까요? 임대차 기간과 갱신에 관한 법은 생각보다 복잡합니다. 하지만 이것을 알아야 불안 없이 거주할 수 있습니다. 차근차근 풀어 보겠습니다.

주택임대차보호법은 최단 임대차 기간을 2년으로 보장합니다. 당사자가 1년으로 계약했더라도, 세입자가 원하면 2년까지 살 수 있습니다. 이것은 세입자를 보호하기 위한 규정입니다. 주거의 안정을 위해 최소한 2년은 보장해 주겠다는 취지입니다. 다만 세입자가 스스로 2년 미만으로 살겠다고 하면 그것은 가능합니다. 이 규정은 세입자를 보호하기 위한 것이지, 세입자를 구속하려는 것이 아니기 때문입니다.

계약 기간이 끝나면 어떻게 될까요? 여기서 '묵시적 갱신'이라는 개념이 등장합니다. 계약 기간이 끝나기 전에 집주인이나 세입자가 갱신 거절 또는 조건 변경의 의사를 통지하지 않으면, 계약은 자동으로 갱신됩니다. 이것을 묵시적 갱신이라고 합니다. 묵시적으로 갱신된 임대차는 전 임대차와 동일한 조건으로 다시 2년간 계속됩니다.

통지 기간이 있습니다. 집주인이 갱신을 거절하려면 계약 기간 만료 6개월 전부터 2개월 전 사이에 세입자에게 알려야 합니다. 세입자가 갱신을 거절하려면 계약 기간 만료 2개월 전까지 집주인에게 알려야 합니다. 이 기간을 놓치면 묵시적 갱신이 됩니다. 집주인이 "2년 됐으니까 나가세요"라고 만료일에 갑자기 말해도 소용없습니다. 미리 통지하지 않았으면 계약은 자동 갱신됩니다.

2020년에 중요한 제도가 도입되었습니다. '계약갱신청구권'입니다. 세입자는 임대차 기간이 끝나기 전에 집주인에게 계약 갱신을 청구할 수 있습니다. 집주인은 정당한 사유가 없으면 이를 거절할 수 없습니다. 실질적으로 세입자는 한 번의 갱신청구권을 갖게 되어 최소 4년의 거주를 보장받습니다.

계약갱신청구권을 행사하면 갱신되는 임대차의 차임은 어떻게 될까요? 법은 차임 인상률을 제한합니다. 기존 차임의 5%를 초과하여 인상할 수 없습니다. 예를 들어, 월세가 100만 원이었다면 갱신 후 월세는 105만 원을 넘을 수 없습니다. 전세 보증금도 마찬가지입니다. 이것을 '전월세 상한제'라고 합니다. 세입자의 주거 안정을 위한 제도입니다.

집주인이 갱신을 거절할 수 있는 정당한 사유는 무엇일까요? 법에 열거되어 있습니다. 세입자가 두 번 이상 차임을 연체한 경우, 세입자가 거짓이나 부정한 방법으로 임차한 경우, 서로 합의하여 집주인이 세입자에게 상당한 보상을 제공한 경우, 세입자가 집주인의 동의 없이 전대한 경우, 세입자가 고의나 중과실로 주택을 파손한 경우, 집주인이 실제 거주하려는 경우 등입니다.

특히 '집주인이 실제 거주하려는 경우'가 분쟁의 소지가 많습니다. 집주인이 "내가 살 거야"라고 하면 세입자는 나가야 할까요? 법은 이 경우에도 세입자를 어느 정도 보호합니다. 집주인이 실거주를 이유로 갱신을 거절했는데 실제로 거주하지 않으면, 세입자는 손해배상을 청구할 수 있습니다. 거짓으로 실거주를 주장하면 책임을 지게 됩니다.

묵시적 갱신과 계약갱신청구권은 다릅니다. 묵시적 갱신은 아무런 의사표시 없이 자동으로 갱신되는 것입니다. 계약갱신청구권은 세입자가 적극적으로 갱신을 청구하는 것입니다. 묵시적 갱신의 경우 세입자는 언제든지 3개월 전에 통지하고 나갈 수 있습니다. 계약갱신청구권을 행사한 경우에는 갱신된 임대차 기간 동안 의무가 있습니다.

세입자가 알아야 할 실질적인 팁이 있습니다. 계약갱신청구권은 한 번만 행사할 수 있으므로, 언제 행사할지 전략적으로 생각해야 합니다. 처음부터 오래 살 계획이면 묵시적 갱신을 여러 번 한 후에 계약갱신청구권을 행사하는 것도 방법입니다. 또한 갱신 거절 통지 기간을 잘 지켜야 합니다. 기간을 놓치면 원치 않는 결과가 생길 수 있습니다.

임대차 기간과 갱신에 관한 규정은 세입자에게 주거 안정을 주기 위한 것입니다. 최소 2년의 보장, 묵시적 갱신, 계약갱신청구권, 차임 인상 제한. 이런 제도들이 세입자를 보호합니다. 하지만 권리는 알아야 행사할 수 있습니다. 내 계약 기간이 언제 끝나는지, 갱신 통지 기간은 언제인지, 계약갱신청구권을 이미 썼는지 안 썼는지. 이런 것들을 정확히 알고 있어야 합니다.

집은 단순한 공간이 아닙니다. 삶의 터전입니다. 그 터전이 언제 흔들릴지 모른다는 불안감은 삶의 질을 떨어뜨립니다. 법이 세입자에게 주는 보호는 바로 그 불안을 줄여 주기 위한 것입니다. 내 권리를 알고 적절히 행사하면, 더 안정적으로 거주할 수 있습니다. 계약 기간이 다 가온다고 무조건 불안해할 필요 없습니다. 법은 당신 편에 있습니다.

06
차임증감청구권, 월세를 올리거나 내리려면

"다음 달부터 월세 올릴게요." 갑작스러운 집주인의 통보에 세입자는 당혹스럽습니다. 계약서에 적힌 금액으로 2년간 살 줄 알았는데, 어느 날 갑자기 월세를 올린다니요. 반대의 경우도 있습니다. 주변 시세가 많이 떨어졌는데 집주인은 여전히 높은 월세를 고집합니다. 이럴 때 세입자는 월세를 깎아달라고 할 수 있을까요? 법은 이런 상황을 위해 '차임증감청구권'이라는 제도를 마련해 두었습니다.

차임이란 임대차에서 세입자가 내는 대가를 말합니다. 월세가 대표적입니다. 증감이란 올리거나 내리는 것이고, 청구권이란 요청할 수 있는 권리입니다. 합쳐서 차임증감청구권이란 월세를 올리거나 내려달라고 요청할 수 있는 권리입니다. 집주인도 이 권리를 가지고, 세입자도 이 권리를 가집니다. 서로의 입장에서 차임의 조정을 요구할 수 있는 것입니다.

그렇다면 언제든지 마음대로 월세를 올리거나 내릴 수 있을까요? 그렇지 않습니다. 법은 일정한 조건을 요구합니다. 민법에서는 '임대물에 대한 공과금 기타 부담의 증감이나 경제사정의 변동으로 인하여 약정한 차임이 상당하지 아니하게 된 때'에 차임의 증감을 청구할 수 있다고 정하고 있습니다. 쉽게 말해, 계약 당시와 비교해서 사정이 크게 달라졌을 때에만 월세 조정을 요구할 수 있다는 뜻입니다.

예를 들어 볼까요? 계약 당시에는 주변 상가들이 활발하게 영업하던 지역이었는데, 대형마트가 들어오면서 상권이 죽었습니다. 매출이 반토막 났는데 월세는 그대로입니다. 이런 경우 세입자는 월세 인하를 요청할 정당한 사유가 있습니다. 반대로 지하철역이 새로 생기면서 동네가 완전히 바뀌었습니다. 집값과 월세 시세가 두 배 이상 올랐는데 계약 당시 금액만 받고 있다면, 집주인도 월세 인상을 요청할 수 있습니다.

주택임대차보호법은 여기에 한 가지 중요한 제한을 더합니다. 집주인이 월세를 올리려고 해도 무한정 올릴 수는 없습니다. 약정한 차임의 20분의 1, 즉 5%를 초과하여 인상할 수 없습니다. 월세가 100만 원이라면 최대 105만 원까지만 올릴 수 있는 것입니다. 게다가 임대차 계약 기간 중에는 1년 이내에 다시 인상할 수 없습니다. 1년이 지나야 다음 인상을 요구할 수 있습니다. 이 규정은 세입자를 보호하기 위한 것입니다.

중요한 것은 차임증감청구권이 '일방적 통보'가 아니라는 점입니다. 집주인이 "다음 달부터 월세 올립니다"라고 통보한다고 해서 바로 효력이 생기는 것이 아닙니다. 상대방의 동의가 필요합니다. 동의하지 않으면 협의를 해야 하고, 협의가 되지 않으면 법원에 차임 증감을 청구할 수 있습니다. 법원은 여러 사정을 종합적으로 고려하여 적정한 차임을 정해 줍니다.

실제로 법원까지 가는 경우는 많지 않습니다. 대부분 협의 단계에서 조정됩니다. 하지만 차임증감청구권이 있다는 것을 아는 것 자체가 협상력이 됩니다. 집주인이 무리하게 월세를 올리려고 할 때 "법적으로 5% 이상은 올릴 수 없고, 사정 변경이 없으면 인상 자체가 어렵습니다"라고 말할 수 있습니다. 반대로 시세가 크게 떨어졌는데 집주인이 인하를 거부한다면 "경제사정 변동을 이유로 법원에 차임 감액을 청구할 수 있습니다"라고 할 수 있습니다.

전세의 경우는 어떨까요? 전세도 넓은 의미에서 임대차입니다. 전세보증금도 차임처럼 증감청구의 대상이 될 수 있습니다. 다만 전세보증금은 월세와 달리 목돈이기 때문에 실제로 증감청구가 문제되는 경우는 드뭅니다. 보통은 계약 갱신 시점에 새로운 금액으로 협의하는 것이 일반적입니다. 그래도 전세보증금 증액에도 5% 상한 규정이 적용된다는 점은 알아 두시면 좋습니다.

차임증감청구권에서 주의할 점이 하나 더 있습니다. 이 권리는 계약으로 배제할 수 없습니다. 계약서에 "앞으로 절대 월세를 올리지 않겠습니다" 또는 "세입자는 월세 인하를 요구할 수 없습니다"라고 적어도, 그 조항은 효력이 없습니다. 차임증감청구권은 강행규정이기 때문입니다. 당사자의 합의로도 없앨 수 없는 기본적인 권리입니다.

결국 차임증감청구권은 임대차 관계의 공정성을 유지하기 위한 장치입니다. 계약은 지켜야 하지만, 사정이 크게 달라졌는데도 계약 당시 조건을 고집하는 것은 공평하지 않습니다. 그래서 법은 양쪽 모두에게 조정을 요구할 권리를 줍니다. 다만 그 권리 행사에는 조건이 있고, 특히 인상의 경우에는 상한선이 있습니다. 월세 문제로 갈등이 생겼을 때, 차임증감청구권이라는 법적 틀 안에서 해결책을 찾을 수 있습니다.

07
전세보증금 반환의 모든 것

전세 계약이 끝나가는 세입자에게 가장 큰 걱정은 보증금을 제때 돌려받을 수 있느냐입니다. 수억 원에 달하는 돈이 걸린 문제입니다. 새집의 계약금도 내야 하고, 이사 일정도 잡아야 하는데, 보증금을 못 받으면 모든 계획이 틀어집니다. 최근 몇 년간 전세보증금을 돌려받지 못하는 피해가 사회 문제가 되었습니다. 전세보증금 반환에 관한 법적 원칙과 현실적인 대응 방법을 알아보겠습니다.

원칙은 간단합니다. 임대차 계약이 종료되면 집주인은 보증금을 돌려줘야 합니다. 이것은 너무나 당연한 의무입니다. 세입자가 집을 비워 주면, 집주인은 보증금을 반환해야 합니다. 여기서 중요한 것은 '동시이행'의 원칙입니다. 세입자의 집 인도 의무와 집주인의 보증금 반환 의무는 서로 대등합니다. 세입자는 "보증금 주면 나갈게요"라고 할 수 있고, 집주인은 "나가면 보증금 줄게요"라고 할 수 있습니다.

문제는 집주인에게 돈이 없을 때입니다. 집주인이 보증금을 돌려줄 의사는 있는데 당장 돈이 없다고 합니다. 다음 세입자의 보증금을 받아서 주겠다고 합니다. 그런데 다음 세입자가 안 구해지면 어떡합니까? 구해지더라도 그 세입자의 입주 시기가 내 이사 날짜와 맞지 않으면 어떡합니까? 이런 상황이 전세보증금 분쟁의 전형적인 패턴입니다.

동시이행의 원칙에 따르면, 보증금을 받지 못한 세입자는 집을 비워 주지 않아도 됩니다. 계약 종료일이 지났더라도 보증금을 받을 때까지 계속 거주할 수 있습니다. 다만 현실적으로 이사 가야 할 집이 정해져 있다면, 마냥 버티기도 어렵습니다.

보증금을 받지 못한 채 이사를 가야 한다면, 반드시 '임차권등기명령'을 받아 두어야 합니다. 이 제도는 뒤에서 자세히 설명하겠지만, 핵심은 이사를 가도 대항력과 우선변제권을 유지할 수 있게 해 준다는 것입니다. 이 등기 없이 이사를 가면 전입신고가 옮겨지면서 기존의 대항력을 잃게 됩니다. 그러면 경매가 진행될 때 다른 채권자들에게 밀려 보증금을 한 푼도 못 받을 수 있습니다.

보증금 반환을 받기 위한 법적 절차도 알아 두어야 합니다. 집주인이 보증금을 안 주면 어떻게 해야 할까요? 먼저 내용증명을 보내서 공식적으로 반환을 요청합니다. 그래도 응하지 않으면 법원에 지급명령을 신청하거나 민사소송을 제기합니다. 지급명령은 소송보다 간편하고 빠릅니다. 상대방이 이의를 제기하지 않으면 확정판결과 같은 효력이 생깁니다. 이의를 제기하면 정식 소송으로 넘어갑니다.

판결을 받았는데도 집주인이 돈을 안 주면, 강제집행을 해야 합니다. 집주인의 재산을 찾아서 압류하고 경매하여 보증금을 회수합니다. 이 과정이 쉽지 않습니다. 집주인에게 압류할 재산이 없으면 판결문도 휴지조각이 됩니다. 그래서 애초에 보증금 피해를 예방하는 것이 중요합니다.

예방을 위한 가장 확실한 방법은 전세보증보험에 가입하는 것입니다. 주택도시보증공사(HUG)나 SGI서울보증에서 전세보증금반환보증 상품을 판매합니다. 이 보험에 가입해 두면, 집주인이 보증금을 못 돌려줄 때 보증기관이 대신 지급합니다. 보증기관은 나중에 집주인에게 구상권을 행사하여 돈을 받아 냅니다. 세입자는 복잡한 소송 없이 보증금을 보장받을 수 있습니다.

보증보험 가입 시 주의할 점이 있습니다. 모든 주택이 가입 대상이 되는 것은 아닙니다. 보증금이 시세 대비 일정 비율을 초과하면 가입이 거절될 수 있습니다. 이른바 '깡통전세'의 경우입니다. 집값보다 보증금이 더 높거나 비슷한 경우, 보증기관도 위험을 감수하지 않으려 합니다. 그래서 계약 전에 미리 보증보험 가입 가능 여부를 확인하는 것이 좋습니다.

결국 전세보증금 반환 문제는 사전 예방이 가장 중요합니다. 계약 전에 등기부등본을 꼼꼼히 확인하고, 보증금 대비 근저당 금액이 적정한지 따져봐야 합니다. 보증보험 가입을 검토하고, 확정일자를 반드시 받아 두어야 합니다. 계약 종료 시점에는 미리미리 집주인과 연락하여 반환 일정을 확인해야 합니다. 이런 기본적인 주의만 기울여도 많은 피해를 예방할 수 있습니다. 전세보증금은 내 전 재산일 수 있습니다. 그만큼 신중하게 다루어야 합니다.

08
상가임대차보호법, 사업자를 위한 특별한 보호

작은 분식집을 운영하는 사장님이 있습니다. 이 자리에서 10년 넘게 장사를 했습니다. 단골손님도 많고 나름 자리를 잡았습니다. 그런데 어느 날 건물주가 나가라고 합니다. 재계약을 안 해 주겠답니다. 10년간 쌓아 온 모든 것이 한순간에 무너질 위기입니다. 주거용 임대차에 주택임대차보호법이 있듯이, 상가 임대차에도 '상가건물 임대차보호법'이 있습니다. 사업자들을 보호하기 위한 특별한 법입니다.

상가임대차보호법은 2001년에 제정되었습니다. 그전에는 상가 세입자들이 법적 보호를 거의 받지 못했습니다. 건물주가 나가라고 하면 나가야 했고, 권리금도 제대로 보호받지 못했습니다. 영세 상인들의 생존권이 위협받는 상황이 계속되자, 국회가 이 법을 만들었습니다. 그 후로도 여러 차례 개정을 통해 보호 범위가 넓어졌습니다.

먼저 이 법의 적용 대상을 알아야 합니다. 모든 상가가 보호받는 것은 아닙니다. 보증금 규모에 따른 제한이 있습니다. 서울의 경우 보증금이 9억 원 이하인 상가에 적용됩니다. 다른 지역은 기준이 다릅니다. 보증금과 월세를 환산한 '환산보증금'으로 계산하는데, 월세에 100을 곱한 금액과 보증금을 합산합니다. 예를 들어 보증금 1억 원에 월세 500만 원이면, 환산보증금은 1억 + (500만 × 100) = 6억 원입니다.

상가임대차보호법의 핵심 보호 장치는 '계약갱신요구권'입니다. 세입자는 최초 계약일로부터 10년간 계약 갱신을 요구할 수 있습니다. 건물주가 거절할 수 있는 사유는 법에 정해져 있습니다. 세입자가 월세를 3기 이상 연체했거나, 건물을 무단으로 전대했거나, 건물을 심하게 훼손한 경우 등입니다. 이런 사유가 없다면 건물주는 갱신 요구를 거절할 수 없습니다.

10년의 보호 기간이 중요합니다. 예전에는 5년이었는데 2018년 개정으로 10년이 되었습니다. 10년이라는 시간은 사업을 안정적으로 운영하기에 상당한 기간입니다. 권리금을 회수하고 투자금을 뽑을 수 있는 시간입니다. 물론 10년이 지나면 갱신요구권이 소멸합니다. 그 이후에는 건물주의 재량에 따라 재계약 여부가 결정됩니다.

대항력에 관한 규정도 있습니다. 상가 세입자도 사업자등록과 건물 인도를 마치면 대항력을 갖습니다. 대항력이 있으면 건물 소유자가 바뀌어도 임대차 관계가 유지됩니다. 새 건물주에게 "저 여기서 장사해요, 내보내시면 안 돼요"라고 주장할 수 있는 것입니다. 다만 확정일자를 받아야 우선변제권이 생깁니다. 확정일자 없이 대항력만 있으면, 경매 시 보증금을 우선 변제받을 수 없습니다.

상가임대차보호법은 주택임대차보호법과 비슷한 점도 있지만 다른 점도 많습니다. 가장 큰 차이는 최우선변제권에 관한 것입니다. 주택의 소액임차인은 보증금 중 일정 금액을 다른 채권자보다 먼저 받을 수 있습니다. 상가에도 이 제도가 있지만, 금액이 상대적으로 적습니다. 또한 권리금 보호 규정은 상가임대차보호법에만 있습니다. 주거용 주택에는 권리금 개념이 없으니까요.

상가 임대차 계약을 할 때는 이 법의 보호를 받을 수 있는지 먼저 확인해야 합니다. 환산보증금이 기준을 초과하면 일부 조항의 보호를 받지 못합니다. 계약서에 이 법의 적용을 배제하는 조항이 있어도 효력이 없습니다. 상가임대차보호법은 강행규정이기 때문입니다. 세입자에게 불리한 특약은 무효입니다. 상가에서 사업을 하시는 분들은 이 법을 꼭 알아 두시기 바랍니다. 내 영업의 기반을 지키는 힘이 됩니다.

09

권리금, 법은 어디까지 보호하는가

"이 자리 권리금이 얼마예요?" 상가를 구할 때 흔히 듣는 질문입니다. 보증금, 월세와는 별개로 기존 세입자에게 주는 돈입니다. 수천만 원에서 수억 원에 이르기도 합니다. 좋은 자리, 단골손님, 시설과 인테리어, 영업 노하우. 이런 무형의 가치가 권리금으로 거래됩니다. 오랫동안 관행으로만 존재하던 이 권리금이 2015년부터 법의 보호를 받게 되었습니다.

권리금이란 무엇일까요? 상가임대차보호법은 권리금을 이렇게 정의합니다. '임대차 목적물인 상가건물에서 영업을 하는 자 또는 영업을 하려는 자가 영업시설·비품, 거래처, 신용, 영업상의 노하우, 상가건물의 위치에 따른 영업상의 이점 등 유형·무형의 재산적 가치의 양도 또는 이용대가로서 보증금과 차임 이외에 지급하는 금전 등의 대가.' 복잡해 보이지만, 핵심은 영업 가치에 대한 대가라는 것입니다.

권리금의 종류를 구분하면 이해하기 쉽습니다. 바닥 권리금은 상가의 위치 자체가 갖는 가치입니다. 유동인구가 많고 접근성 좋은 자리는 그 자체로 값어치가 있습니다. 시설 권리금은 인테리어, 기계, 설비 등 물리적 시설의 가치입니다. 영업 권리금은 단골손님, 거래처, 영업 노하우 등 무형의 영업 가치입니다. 실제 권리금은 이 세 가지가 합쳐진 것입니다.

2015년 이전에는 권리금에 관한 법적 규정이 없었습니다. 권리금은 세입자들 사이에서 주고받는 것이고, 건물주는 관여하지 않는다는 생각이 지배적이었습니다. 문제는 계약 종료 시 발생했습니다. 세입자가 권리금을 받고 나가려는데, 건물주가 새로운 세입자와의 계약을 거부하는 경우입니다. 기존 세입자는 권리금을 회수할 길이 막혀 버립니다.

개정된 상가임대차보호법은 이 문제에 대응합니다. 핵심은 건물주의 '방해금지 의무'입니다. 임대인은 세입자가 주선한 신규 임차인이 되려는 자로부터 권리금을 받는 것을 방해해서는 안 됩니다. 예를 들어, 세입자가 "이 분에게 가게를 넘기겠습니다. 권리금 받기로 했습니다"라고 했을 때, 건물주가 정당한 이유 없이 새 세입자와의 계약을 거부하면 권리금 회수 방해가 됩니다.

방해 행위의 유형은 법에 구체적으로 열거되어 있습니다. 신규 임차인과 임대차 계약 체결을 거절하는 것, 현저히 높은 보증금이나 월세를 요구하는 것, 신규 임차인에게 현저히 높은 권리금을 요구하는 것 등이 해당됩니다. 이런 행위로 세입자가 권리금을 받지 못하면, 건물

주는 그 손해를 배상해야 합니다.

다만 건물주가 신규 임차인과의 계약을 거절할 수 있는 정당한 사유도 있습니다. 신규 임차인이 보증금이나 차임을 지급할 자력이 없는 경우, 신규 임차인이 세입자로서의 의무를 위반할 우려가 있는 경우, 임대차 목적물을 1년 6개월 이상 영리 목적으로 사용하지 않는 경우 등입니다.

중요한 제한이 하나 있습니다. 세입자가 권리금 보호를 받으려면 임대차 종료 6개월 전부터 종료 시까지 신규 임차인을 주선해야 합니다. 이 기간을 놓치면 권리금 보호 규정이 적용되지 않습니다.

권리금 분쟁은 쉽게 해결되지 않는 경우가 많습니다. 권리금의 적정 금액을 두고 다투기도 하고, 방해 행위의 존재 여부를 두고 다투기도 합니다. 법원에 손해배상을 청구하면 감정평가를 통해 권리금을 산정합니다. 소송은 시간과 비용이 드니, 가능하면 협의로 해결하는 것이 좋습니다. 권리금 관련 내용을 계약서에 명시해 두면 분쟁 예방에 도움이 됩니다.

권리금은 상가 영업의 보이지 않는 자산입니다. 수년간의 노력과 투자가 응축된 가치입니다. 법이 이를 보호하게 된 것은 큰 진전입니다. 하지만 법의 보호에도 한계가 있습니다. 모든 상황에서 권리금을 온전히 보장받을 수 있는 것은 아닙니다. 상가를 임차할 때부터 권리금의 구조와 보호 범위를 이해하고, 계약 종료 시점을 미리 대비하는 것이 현명합니다.

10

임차권등기명령, 이사 가도 권리를 지키는 방법

전세 계약이 끝났습니다. 집주인이 보증금을 안 줍니다. 새 집에는 들어가야 합니다. 가족들은 이사해야 하는데 보증금을 못 받았습니다. 이사를 가면 전입신고가 옮겨집니다. 전입신고가 옮겨지면 대항력이 사라집니다. 대항력이 없으면 나중에 경매가 되더라도 보증금을 받기 어렵습니다. 진퇴양난입니다. 이런 상황을 위해 만들어진 제도가 바로 '임차권등기명령'입니다.

임차권등기명령이란 임대차가 종료된 후 보증금을 돌려받지 못한 세입자가 법원에 신청하여, 등기부에 임차권을 등기하는 것입니다. 이 등기가 되면 세입자는 이사를 가도 기존의 대항력과 우선변제권을 유지합니다. 전입신고가 옮겨져도 등기부에 권리가 남아 있으니, 보증금을 받을 권리가 보전되는 것입니다.

어떻게 신청할까요? 임대차가 종료된 후, 보증금을 반환받지 못한 상태에서 관할 법원에 임차권등기명령을 신청합니다. 신청서에는 임대차 계약 내용, 보증금 액수, 점유 개시일, 확정일자를 받은 날짜 등을 기재합니다. 임대차 계약서, 주민등록등본, 등기부등본 등을 첨부합니다.

법원이 신청을 받아들이면 결정문을 내립니다. 이 결정문을 가지고 등기소에 임차권등기를 촉탁합니다. 등기가 완료되면 등기부등본 을구에 '임차권'이 기재됩니다. 이때 기재되는 내용은 임차인의 성명, 보증금 액수, 임대차 기간 등입니다. 이 등기가 마쳐지면 세입자는 안심하고 이사를 갈 수 있습니다.

임차권등기명령의 효력은 강력합니다. 등기 후 이사를 가더라도 이미 취득한 대항력과 우선변제권이 그대로 유지됩니다. 새로운 곳으로 전입신고를 해도 기존 주소지에서의 권리가 사라지지 않습니다. 나중에 그 집이 경매에 넘어가면, 등기부에 기재된 순위에 따라 보증금을 배당받을 수 있습니다.

언제 신청해야 할까요? 임대차가 종료된 후에만 신청할 수 있습니다. 계약 기간이 남아 있으면 신청할 수 없습니다. 묵시적 갱신 상태에서 세입자가 해지 통고를 하고 3개월이 지나 임대차가 종료된 경우에는 신청 가능합니다. 핵심은 '임대차 종료 + 보증금 미반환'의 두 조건이 갖춰져야 한다는 것입니다.

주의할 점도 있습니다. 임차권등기가 되면 집주인에게 불이익이 생깁니다. 등기부에 임차권이 올라가 있으면 그 집을 팔거나 새로운 세입자를 구하기 어렵습니다. 그래서 집주인이 보증금을 돌려주고 등기 말소에 협조해달라고 연락이 올 수 있습니다. 이것이 임차권등기명령의 또 다른 효과입니다. 집주인에게 보증금 반환의 압박이 됩니다.

임차권등기명령을 받았다고 해서 소송이 끝난 것은 아닙니다. 이것은 보증금을 받기 위한 권리를 보전하는 것일 뿐입니다. 보증금을 실제로 받으려면 별도로 보증금반환청구 소송을 해서 판결을 받고, 그 판결로 강제집행을 해야 합니다. 또는 그 집이 경매에 넘어갔을 때 배당 절차에 참여하여 보증금을 받습니다.

상가 세입자도 임차권등기명령을 이용할 수 있습니다. 상가건물 임대차보호법에도 같은 제도가 있습니다. 사업자등록을 하고 상가를 점유하던 세입자가 보증금을 못 받고 나가야 할 때, 임차권등기명령으로 권리를 보전할 수 있습니다. 절차와 효력은 주택의 경우와 거의 같습니다.

임차권등기명령은 세입자의 마지막 보루입니다. 보증금을 못 받은 상태에서 이사를 가야 하는 딜레마를 해결해 줍니다. 권리를 지키면서 동시에 새 출발을 할 수 있게 해 줍니다. 물론 이 제도를 이용해야 하는 상황 자체가 불행입니다. 가장 좋은 것은 처음부터 안전한 계약을 하고, 보증금을 온전히 돌려받는 것입니다. 하지만 만약의 경우를 대비해 임차권등기명령이라는 제도가 있다는 것, 꼭 기억해 두시기 바랍니다.

제3장

부동산 공법
— 땅 위에 세우는 법의 질서

01
국토의 계획과 용도지역의 이해

우리나라 땅은 어디든 마음대로 사용할 수 있을까요? 내 소유의 땅이라면 원하는 대로 집을 짓거나 공장을 세워도 될까요? 많은 분들이 '내 땅인데 왜 안 되겠어?'라고 생각하지만, 현실은 그렇지 않습니다. 우리나라의 모든 땅은 국가의 계획 아래 용도가 정해져 있습니다. 아무리 내 땅이라도 그 용도에 맞지 않는 건물은 지을 수 없습니다. 이것이 바로 국토계획법이 정하고 있는 '용도지역' 제도입니다.

왜 국가는 이런 규제를 하는 걸까요? 땅은 한정되어 있고, 한번 잘못 사용하면 되돌리기 어렵기 때문입니다. 주택가 한복판에 공장이 들어서면 주민들은 소음과 매연에 시달려야 합니다. 농지가 무분별하게 개발되면 식량 생산 기반이 무너집니다. 자연환경이 훼손되면 회복하는 데 수십 년이 걸리기도 합니다. 그래서 국가는 국토 전체를 계획적으로 관리하고, 각 지역에 맞는 용도를 미리 정해 둡니다. 이것이 국토계획의 기본 원리입니다.

용도지역은 크게 네 가지로 나뉩니다. 도시지역, 관리지역, 농림지역, 자연환경보전지역입니다. 도시지역은 말 그대로 도시로 개발되었거나 개발할 예정인 곳입니다. 관리지역은 도시지역과 농림지역 사이에서 관리가 필요한 곳입니다. 농림지역은 농업이나 임업을 위해 보존해야 하는 곳이고, 자연환경보전지역은 자연 그대로 지켜야 하는 곳입니다. 이 네 가지 용도지역은 다시 세부적으로 나뉘어 더 구체적인 규제가 적용됩니다.

도시지역 안에서도 주거지역, 상업지역, 공업지역, 녹지지역으로 구분됩니다. 주거지역은 사람들이 살기 위한 곳이고, 상업지역은 상업활동을 위한 곳, 공업지역은 공장이 들어서는 곳입니다. 녹지지역은 도시 안에서도 녹지를 보전하거나 도시의 무분별한 확산을 막기 위한 곳입니다. 주거지역은 다시 전용주거지역, 일반주거지역, 준주거지역으로 세분됩니다. 전용주거지역은 오로지 주거 기능만 허용되는 조용한 주택가이고, 일반주거지역은 주거를 중심으로 하되 일부 상업시설도 허용됩니다. 준주거지역은 주거와 상업이 혼재하는 곳입니다.

이런 구분이 왜 중요할까요? 용도지역에 따라 지을 수 있는 건물의 종류가 달라지기 때문입니다. 예를 들어, 전용주거지역에는 단독주택이나 공동주택만 지을 수 있고, 상가나 음식점은 원칙적으로 들어설 수 없습니다. 반면 상업지역에서는 대형 상가나 오피스 빌딩을 자유롭게 지을 수 있습니다. 공장은 공업지역에서만 허용됩니다. 만약 용도지역에 맞지 않는 건물을 지으려면 건축허가가 나오지 않습니다. 설령

몰래 지었다 해도 불법건축물로 적발되어 철거 명령을 받게 됩니다.

땅을 사기 전에 반드시 확인해야 할 것이 바로 이 용도지역입니다. 어떤 분이 저렴한 땅을 발견했다고 기뻐하며 샀는데, 알고 보니 그 땅이 자연녹지지역이라 원하는 건물을 지을 수 없는 경우가 있습니다. 또 다른 분은 공장 부지로 쓰려고 땅을 샀는데, 그곳이 계획관리지역이라 공장 건축이 까다롭다는 것을 뒤늦게 알았습니다. 이런 실수를 막으려면 '토지이용계획확인서'를 반드시 발급받아 확인해야 합니다. 이 서류에는 해당 토지의 용도지역과 각종 규제 사항이 자세히 적혀 있습니다.

토지이용계획확인서는 '토지이음' 사이트(www.eum.go.kr)에서 누구나 무료로 열람하거나 발급받을 수 있습니다. 지번을 입력하면 해당 토지의 용도지역, 용도지구, 용도구역, 도시계획시설 지정 여부 등 온갖 규제 사항을 한눈에 볼 수 있습니다. 부동산 거래를 할 때 등기부등본만큼이나 중요한 서류입니다. 특히 토지를 매수하거나 개발 사업을 계획할 때는 이 서류를 먼저 확인해야 합니다. 아무리 좋아 보이는 땅도 규제가 심하면 원하는 대로 활용할 수 없기 때문입니다.

용도지역 외에도 '용도지구'와 '용도구역'이라는 것이 있습니다. 용도지구는 용도지역의 기능을 증진하거나 보완하기 위해 추가로 지정하는 것입니다. 경관지구, 미관지구, 고도지구, 방화지구 같은 것들이 있습니다. 예를 들어, 역사적 건물 주변에 경관지구가 지정되면 건물 높이나 외관에 추가적인 제한이 생깁니다. 용도구역은 더 강력한 규제가 필요한 곳에 지정됩니다. 개발제한구역, 이른바 '그린벨트'가 대표적입니다. 그린벨트 안에서는 건축이나 개발이 거의 불가능합니다.

결국 부동산은 물리적인 땅이나 건물만이 아니라 그 위에 씌워진 법적 규제까지 함께 사는 것입니다. 같은 면적의 땅이라도 용도지역에 따라 가치가 크게 달라집니다. 상업지역의 땅은 녹지지역의 땅보다 훨씬 비쌉니다. 그 땅 위에 무엇을 지을 수 있느냐가 땅의 가치를 결정하기 때문입니다. 땅을 살 때는 눈에 보이는 것뿐 아니라 눈에 보이지 않는 규제까지 꼼꼼히 살펴야 합니다. 용도지역을 이해하는 것이 부동산 공법을 이해하는 첫걸음입니다.

02
건축허가와 건축신고, 집을 짓기 전에 알아야 할 것

내 땅에 집을 짓고 싶습니다. 설계도도 그렸고 시공사도 정했습니다. 그런데 바로 공사를 시작해도 될까요? 안타깝게도 그렇지 않습니다. 건물을 짓기 전에 반드시 거쳐야 할 행정 절차가 있습니다. 바로 '건축허가'를 받거나 '건축신고'를 해야 합니다. 이 절차 없이 건물을 지으면 불법건축물이 되어 철거 명령을 받거나 과태료를 물게 됩니다. 왜 국가는 개인이 집을 짓는 것까지 관여하는 걸까요?

건축물은 사람들이 생활하는 공간입니다. 구조가 부실하면 무너져서 사람이 다칠 수 있습니다. 화재가 나면 피난이 어려워 큰 인명 피해로 이어질 수 있습니다. 이웃 건물에 피해를 주거나 도시 미관을 해칠 수도 있습니다. 그래서 국가는 건축법을 통해 건물의 안전, 기능, 환경에 관한 최소한의 기준을 정하고 있습니다. 건축허가나 건축신고는 그 기준에 맞는지 미리 검토하는 절차입니다. 공공의 안전을 위한 사전 점검인 셈입니다.

건축허가와 건축신고는 어떻게 다를까요? 건축허가는 말 그대로 행정청의 '허가'를 받는 것입니다. 허가권자인 시장, 군수, 구청장이 건축 계획을 심사하여 적합하면 허가를 내줍니다. 반면 건축신고는 행정청에 '신고'만 하면 되는 것입니다. 심사를 기다릴 필요 없이 신고서를 제출하면 절차가 끝납니다. 신고는 허가보다 절차가 간단합니다. 그래서 규모가 작거나 위험이 적은 건축물은 신고만으로 지을 수 있게 해둔 것입니다.

어떤 경우에 허가를 받아야 하고, 어떤 경우에 신고만 하면 될까요? 건축법은 원칙적으로 건축허가를 받도록 하면서, 일정한 소규모 건축물은 신고로 갈음할 수 있게 합니다. 예를 들어 바닥면적 합계가 85제곱미터 이하인 건축물의 증축이나 개축은 신고 대상입니다. 다만, 지역에 따라 규정이 다를 수 있으니 반드시 해당 지자체에 확인해야 합니다. 조례로 더 엄격하게 정해 둔 곳도 있기 때문입니다.

건축허가를 받으려면 무엇이 필요할까요? 먼저 건축 설계도서를 준비해야 합니다. 설계도서에는 건축 계획서, 배치도, 평면도, 입면도, 단면도, 구조도 등이 포함됩니다. 이 설계도서는 건축사가 작성해야 합니다. 일정 규모 이상의 건축물은 반드시 건축사가 설계해야 하고, 그 이하라도 건축사에게 맡기는 것이 안전합니다. 설계도서와 함께 토지 관련 서류, 건축할 대지의 소유권이나 사용권을 증명하는 서류도 제출해야 합니다.

허가 신청서가 접수되면 행정청은 여러 가지를 검토합니다. 해당 토지의 용도지역에서 그 건축물을 지을 수 있는지, 건폐율과 용적률 기준을 충족하는지, 도로와 접하고 있는지, 주차장 확보 기준을 만족하는지, 일조권과 조망권을 침해하지는 않는지 등을 심사합니다. 모든 기준을 충족하면 건축허가가 나옵니다. 부적합한 부분이 있으면 보완을 요구하거나 불허가 처분을 내립니다.

허가를 받았다고 해서 끝이 아닙니다. 공사를 시작하기 전에 '착공신고'를 해야 합니다. 공사가 진행되는 동안에는 중간 검사를 받아야 하는 경우도 있습니다. 공사가 완료되면 '사용승인'을 받아야 합니다. 사용승인은 건물이 허가받은 설계대로 안전하게 지어졌는지 최종 확인하는 절차입니다. 사용승인을 받아야 비로소 그 건물에서 생활하거나 영업을 할 수 있습니다. 사용승인 없이 건물을 사용하면 불법입니다.

건축허가에는 유효기간이 있습니다. 허가를 받은 날부터 2년 이내에 공사에 착수해야 합니다. 착공하지 않으면 허가가 취소될 수 있습니다. 공사 기간도 정해져 있어서, 정당한 사유 없이 공사를 너무 오래 끌면 문제가 됩니다. 허가받은 내용과 다르게 짓는 것도 안 됩니다. 허가 도면과 실제 건물이 다르면 무단 변경으로 위법합니다. 변경이 필요하면 미리 변경 허가를 받거나 변경 신고를 해야 합니다.

건축신고의 경우에도 주의할 점이 있습니다. 신고를 했다고 해서 아무렇게나 지어도 되는 것이 아닙니다. 건축법과 관련 법령의 기준은 똑같이 적용됩니다. 신고 대상이라고 해서 규제가 없는 것이 아니라, 심사 절차가 간소화된 것뿐입니다. 신고 내용과 다르게 짓거나 기준을 위반하면 역시 불법건축물이 됩니다. 신고 후에도 착공신고와 사용승인 절차는 거쳐야 합니다.

가끔 허가 없이 건물을 먼저 짓고 나중에 허가를 받으려는 분들이 있습니다. 이것은 매우 위험한 생각입니다. 일단 지어 놓으면 어떻게든 되겠지 하는 것은 착각입니다. 불법건축물은 이행강제금이라는 벌금이 반복적으로 부과됩니다. 철거 명령이 내려질 수도 있습니다. 건축물대장에도 등재되지 않아 정상적인 거래가 어렵습니다. 나중에 합법화하려 해도 불가능하거나 막대한 비용이 드는 경우가 많습니다. 처음부터 정당한 절차를 밟는 것이 시간과 비용을 아끼는 길입니다.

결국 건축허가와 건축신고는 건물을 짓기 위한 '통행증'입니다. 이 통행증 없이는 합법적인 건축 행위가 불가능합니다. 복잡하고 번거롭게 느껴질 수 있지만, 이 절차가 있기에 우리가 안전한 건물에서 생활할 수 있는 것입니다. 집을 지을 계획이 있다면, 먼저 해당 지자체의 건축과에 방문하거나 전화로 상담하는 것이 좋습니다. 어떤 절차가 필요한지, 어떤 서류를 준비해야 하는지 친절하게 안내받을 수 있습니다. 제대로 된 첫걸음이 안전한 내 집으로 가는 지름길입니다.

건폐율과 용적률,
얼마나 넓게 높게 지을 수 있는가

100평짜리 땅이 있습니다. 이 땅에 건물을 짓는다면 얼마나 넓게 지을 수 있을까요? 또 얼마나 높게 지을 수 있을까요? 100평 땅이니까 100평짜리 건물을 지으면 될까요? 아쉽게도 그렇지 않습니다. 모든 땅에는 '건폐율'과 '용적률'이라는 규제가 있습니다. 건폐율은 땅을 얼마나 넓게 덮을 수 있는지, 용적률은 건물을 얼마나 크게 지을 수 있는지를 정하는 기준입니다. 부동산 개발에서 가장 중요한 숫자가 바로 이 두 가지입니다.

먼저 건폐율부터 알아봅시다. 건폐율은 대지면적에 대한 건축면적의 비율입니다. 쉽게 말해, 땅을 위에서 내려다봤을 때 건물이 차지하는 면적의 비율입니다. 건폐율이 60%라면, 100평 땅에 최대 60평까지만 건물이 땅을 덮을 수 있다는 뜻입니다. 나머지 40평은 반드시 빈 공간으로 남겨야 합니다. 왜 이런 규제를 할까요? 건물이 땅을 100% 다

덮어 버리면 채광과 통풍이 안 됩니다. 화재 시 대피 공간도 없고, 소방차 진입도 어렵습니다. 도시 전체가 답답해집니다. 그래서 일정한 여유 공간을 두도록 한 것입니다.

용적률은 대지면적에 대한 건축물 연면적의 비율입니다. 연면적이란 건물 각 층 바닥면적을 모두 합친 것입니다. 용적률이 200%라면, 100평 땅에 총 200평 규모의 건물을 지을 수 있다는 뜻입니다. 땅이 100평이고 건폐율이 50%라면, 한 층에 최대 50평까지 지을 수 있습니다. 용적률이 200%이면 총 200평을 지을 수 있으니, 50평짜리 층을 4층까지 올릴 수 있는 것입니다. 용적률은 건물의 규모, 특히 높이를 결정하는 핵심 지표입니다.

건폐율과 용적률은 용도지역에 따라 다르게 정해집니다. 전용주거지역은 건폐율 50% 이하, 용적률 50~150% 이하로 규제가 엄격합니다. 조용한 주택가를 유지하기 위해서입니다. 반면 상업지역은 이보다는 훨씬 규제가 느슨합니다. 상업 활동을 위해 건물을 높이 올릴 수 있게 해 준 것입니다. 같은 면적의 땅이라도 주거지역과 상업지역의 땅값이 크게 다른 이유가 여기에 있습니다. 더 큰 건물을 지을 수 있으니 땅의 가치도 높은 것입니다.

구체적인 숫자를 예로 들어 봅시다. 일반주거지역 중 제2종 일반주거지역의 경우, 건폐율은 보통 60% 이하, 용적률은 100~250% 이하입니다. 200평 땅에 건물을 짓는다고 가정해 봅시다. 건폐율 60%이면 한 층 바닥면적은 최대 120평입니다. 용적률 200%이면 총 연면적은 최대 400평입니다. 그러면 120평짜리 층을 약 3.3층, 현실적으로 3층까지 지을 수 있습니다.

여기서 주의할 점이 있습니다. 용적률 계산에서 제외되는 면적이 있습니다. 지하층 면적, 주차장으로 사용되는 면적, 대피공간 면적, 초고층 건물의 피난안전구역 면적 등은 용적률 산정에서 제외됩니다. 이런 규정을 잘 활용하면 법정 용적률보다 더 큰 건물을 지을 수 있습니다. 반대로 이런 규정을 모르면 불리한 설계를 하게 됩니다. 건축 전문가의 도움이 필요한 이유입니다.

건폐율과 용적률은 조례로 더 세부적으로 정해집니다. 국토계획법은 용도지역별로 최대 한도만 정하고, 실제 적용되는 수치는 각 지방자치단체의 조례로 정합니다. 그래서 같은 용도지역이라도 서울과 부산이 다르고, 강남구와 노원구가 다를 수 있습니다. 개발 사업을 계획할 때는 반드시 해당 지자체의 조례를 확인해야 합니다. 인터넷에서 '○○시 도시계획조례'를 검색하면 쉽게 찾을 수 있습니다.

건폐율과 용적률을 완화해 주는 경우도 있습니다. 도시정비사업이나 지구단위계획 구역에서는 기준보다 높은 용적률이 허용되기도 합니다. 친환경 건축물 인증을 받거나, 공개공지를 제공하거나, 특정 시설을 설치하면 인센티브로 용적률을 높여 주기도 합니다. 반대로 문화재 보호구역이나 경관지구에서는 기준보다 더 엄격한 규제가 적용되기도 합니다. 개별 필지의 상황에 따라 달라지므로 사전 확인이 필수입니다.

건폐율과 용적률이 왜 중요할까요? 이 숫자가 땅의 가치를 결정하기 때문입니다. 용적률이 높은 땅은 더 큰 건물을 지을 수 있으니 더 많은 임대 수입이나 분양 수입을 올릴 수 있습니다. 그래서 같은 위치, 같은 면적이라도 용적률에 따라 땅값이 천차만별입니다. 재개발이나 재건축 사업에서 용적률 상향이 쟁점이 되는 이유도 여기에 있습니다. 용적률이 올라가면 더 많은 아파트를 지을 수 있고, 그만큼 사업성이 좋아지기 때문입니다.

부동산을 살 때, 특히 개발 목적으로 토지를 매입할 때는 건폐율과 용적률을 반드시 확인해야 합니다. 토지이용계획확인서에 용도지역이 나와 있고, 그 용도지역에 해당하는 건폐율과 용적률은 조례를 찾아보면 됩니다. 이 숫자들이 그 땅 위에 어떤 건물을 지을 수 있는지를 결정합니다. 눈에 보이지 않지만 땅의 가치를 좌우하는 핵심 요소입니다. 건폐율과 용적률을 이해하면 부동산을 보는 눈이 한층 깊어집니다.

04
불법건축물과 이행강제금의 현실

　우리 주변에는 생각보다 많은 불법건축물이 있습니다. 허가 없이 지은 건물, 허가받은 것과 다르게 지은 건물, 용도 변경 신고 없이 용도를 바꾼 건물 등이 모두 불법건축물입니다. 옥상에 무허가로 올린 방, 베란다를 확장해서 만든 공간, 주차장을 개조해서 사용하는 상가 등 다양한 형태가 있습니다. 이런 불법건축물에 대해 행정청은 시정명령을 내리고, 이를 따르지 않으면 '이행강제금'을 부과합니다. 이행강제금이란 무엇이고, 얼마나 무서운 것일까요?

　먼저 불법건축물이 무엇인지 명확히 이해할 필요가 있습니다. 건축법은 건축허가나 신고 없이 건축물을 짓는 것을 금지합니다. 허가를 받았더라도 허가 내용과 다르게 짓거나, 사용승인을 받지 않고 사용하거나, 허가 없이 용도를 변경하면 모두 위법입니다. 건축물대장에 기재된 내용과 실제 건물이 다른 경우도 불법에 해당합니다. 예를 들어,

건축물대장에는 단독주택으로 되어 있는데 실제로는 원룸 여러 개로 나누어 임대하고 있다면 이것도 불법입니다.

불법건축물이 적발되면 행정청은 시정명령을 내립니다. 일정 기간 내에 위반 사항을 바로잡으라는 명령입니다. 철거하라, 원상복구하라, 적법하게 허가를 받으라는 내용이 담깁니다. 문제는 이 시정명령을 따르지 않았을 때입니다. 행정청은 '이행강제금'을 부과합니다. 이행강제금은 시정명령을 이행할 때까지 반복해서 부과되는 금전적 제재입니다. 한 번 내고 끝나는 과태료와는 다릅니다.

이행강제금의 금액은 어떻게 정해질까요? 건축법은 위반 건축물의 시가표준액을 기준으로 계산합니다. 허가 없이 건축한 경우에는 시가표준액의 100분의 50까지 부과할 수 있습니다. 예를 들어, 시가표준액이 1억 원인 무허가 건축물이라면 이행강제금이 5천만 원까지 나올 수 있습니다. 시정되지 않으면 계속 부과되니, 몇 년만 지나면 이행강제금 총액이 건물 가격을 훌쩍 넘어 버릴 수도 있습니다.

이행강제금의 무서운 점은 바로 이 '반복 부과'에 있습니다. 일반적인 과태료나 벌금은 한 번 내면 끝입니다. 하지만 이행강제금은 위반 상태를 시정할 때까지 계속 부과됩니다. 매년 수천만 원씩 이행강제금이 쌓이는 경우도 있습니다. 결국 버티다가 건물 가치보다 이행강제금이 더 많아지는 지경에 이르기도 합니다. 이행강제금을 내지 않으면 재산 압류까지 들어옵니다. 불법건축물로 얻는 이익보다 이행강제금 부담이 훨씬 큽니다.

그렇다면 불법건축물은 왜 생기는 걸까요? 대부분 경제적 이유입니다. 더 넓은 공간을 확보하고 싶어서, 더 많은 임대 수입을 얻고 싶어서, 허가 절차가 번거로워서 그냥 짓고 보는 것입니다. 베란다를 확장하면 거실이 넓어지니 좋고, 옥상에 방을 올리면 임대 수입이 늘어나니 좋습니다. 단기적으로는 이익인 것처럼 보입니다. 하지만 적발되면 그 이익보다 훨씬 큰 대가를 치르게 됩니다. 이행강제금만 해도 그렇고, 철거 비용, 원상복구 비용까지 더하면 엄청난 손실입니다.

불법건축물은 거래에서도 문제가 됩니다. 건축물대장과 실제 건물이 다르면 정상적인 매매가 어렵습니다. 은행에서 담보대출을 받기도 힘듭니다. 매수인 입장에서는 불법건축물을 사면 이행강제금 부담을 떠안게 됩니다. 시정 의무도 새 소유자에게 넘어갑니다. 그래서 불법건축물은 시세보다 훨씬 싸게 거래됩니다. 싸게 샀다고 좋아할 게 아닙니다. 이행강제금과 시정 비용을 계산하면 오히려 손해인 경우가 많습니다.

불법건축물을 합법화할 수 있을까요? 경우에 따라 다릅니다. 경미한 위반 사항은 추후 허가나 신고를 통해 적법하게 만들 수 있습니다. 하지만 용도지역 규제에 어긋나거나 건폐율·용적률을 초과한 경우에는 합법화가 불가능합니다. 합법화가 안 되면 철거하거나 원상복구하는 수밖에 없습니다. 이미 사용 중인 건물을 철거하는 것은 경제적으로나 정서적으로 큰 부담입니다. 처음부터 적법하게 짓는 것이 얼마나 중요한지 알 수 있습니다.

이행강제금 제도는 불법건축물을 시정하도록 압박하는 수단입니다. 단순히 벌을 주려는 것이 아니라, 스스로 고치도록 유도하는 것입니다. 그래서 시정하면 더 이상 이행강제금이 부과되지 않습니다. 시정 전에 이미 부과된 이행강제금을 감면해 주기도 합니다. 적발 전에 스스로 시정하는 것이 경제적으로 가장 현명한 선택입니다.

결국 불법건축물은 득보다 실이 많습니다. 눈앞의 이익에 눈이 멀어 불법을 저지르면, 나중에 훨씬 큰 대가를 치르게 됩니다. 이행강제금은 생각보다 무겁고, 반복적으로 부과되어 금방 눈덩이처럼 불어납니다. 건물을 지을 때는 처음부터 법을 지켜야 합니다. 이미 불법건축물이 있다면 하루라도 빨리 시정하는 것이 좋습니다. 버티면 버틸수록 손해만 커집니다. 법을 지키는 것이 결국 나를 지키는 길입니다. 부동산에서도 정도가 답입니다.

개발행위허가, 땅의 모양을 바꾸려면

시골에 있는 땅을 샀습니다. 전원주택을 짓고 싶어서 산 땅인데, 막상 공사를 시작하려니 이것저것 허가를 받아야 한다고 합니다. 땅의 형태를 바꾸거나, 나무를 베거나, 흙을 깎아 내려면 허가가 필요하다는 것입니다. 내 땅인데 왜 허가를 받아야 할까요? 이것이 바로 '개발행위허가'라는 제도입니다. 국토를 체계적으로 관리하기 위해 법이 정해 놓은 절차입니다.

개발행위란 국토의 이용 및 관리에 관한 법률(국토계획법)에서 정한 특정한 행위들을 말합니다. 구체적으로는 건축물의 건축이나 공작물의 설치, 토지의 형질변경, 토석의 채취, 토지의 분할, 그리고 녹지지역이나 관리지역 등에서 물건을 쌓아 두는 행위가 여기에 해당합니다. 이런 행위를 하려면 원칙적으로 시장이나 군수, 구청장에게 허가를 받아야 합니다. 허가 없이 개발행위를 하면 원상복구 명령을 받거나 처벌을 받을 수 있습니다.

가장 흔한 개발행위는 '토지의 형질변경'입니다. 형질변경이란 절토, 성토, 정지, 포장 등으로 토지의 형상을 변경하는 것을 말합니다. 쉽게 말해 땅을 깎거나 쌓거나 고르는 것입니다. 논을 메워서 대지로 만들거나, 경사진 땅을 평평하게 고르거나, 산비탈을 깎아 건물 터를 만드는 것이 모두 형질변경입니다. 단순히 땅 위에 건물만 짓는 것과는 다릅니다. 땅 자체의 모양이나 성질을 바꾸는 것이므로 별도의 허가가 필요합니다.

개발행위허가를 받으려면 신청서와 함께 여러 서류를 제출해야 합니다. 토지의 소유권을 증명하는 서류, 개발행위 계획서, 설계도서 등이 필요합니다. 허가권자는 신청 내용이 도시·군관리계획에 적합한지, 주변 환경에 미치는 영향은 어떤지, 기반시설이 충분한지 등을 종합적으로 검토합니다. 모든 요건을 충족해야 허가가 납니다. 심사 기간은 보통 15일에서 30일 정도이지만, 복잡한 사안은 더 걸릴 수 있습니다.

개발행위허가에는 여러 제한이 따릅니다. 가장 중요한 것은 용도지역별 제한입니다. 녹지지역이나 농림지역에서는 개발행위가 엄격하게 제한됩니다. 자연환경보전지역에서는 더욱 그렇습니다. 또한 개발행위 규모에도 제한이 있습니다. 예를 들어, 도시지역 외의 지역에서 산지를 개발하려면 일정 면적 이하로만 허용됩니다. 지역마다, 용도지역마다 허용되는 개발행위의 종류와 규모가 다르므로 미리 확인해야 합니다.

개발행위허가와 건축허가는 다른 것입니다. 건축허가는 건물을 짓는 것에 대한 허가이고, 개발행위허가는 땅의 모양을 바꾸는 것에 대한 허가입니다. 물론 두 가지가 함께 필요한 경우가 많습니다. 빈 땅에 건물을 짓기 위해 땅을 고르는 작업이 필요하다면 개발행위허가와 건축허가를 모두 받아야 합니다. 실무에서는 이 두 가지를 동시에 신청하는 경우가 많고, 법도 이를 허용하고 있습니다.

산지의 경우에는 '산지전용허가'라는 별도의 허가가 필요합니다. 산지관리법에 따라 산지를 다른 용도로 사용하려면 산지전용허가를 받아야 합니다. 산에 있는 땅을 주택 부지로 만들거나 농지로 개간하려면 이 허가를 받아야 합니다. 산지전용허가는 개발행위허가와 별개의 절차이지만, 실제로는 함께 검토되는 경우가 많습니다. 산림청이나 지방자치단체의 산림 담당 부서에서 처리합니다.

농지의 경우에도 마찬가지입니다. 농지를 농업 외의 목적으로 사용하려면 '농지전용허가'를 받아야 합니다. 농지법에 따른 것입니다. 논이나 밭을 택지로 만들거나 공장 부지로 사용하려면 농지전용허가가 필요합니다. 농지전용 시에는 농지보전부담금을 납부해야 합니다. 이것은 농지가 줄어드는 것에 대한 일종의 비용 부담입니다. 금액이 적지 않으므로 사업 계획을 세울 때 미리 고려해야 합니다.

개발행위허가를 받지 않고 개발행위를 하면 어떻게 될까요? 무허가 개발행위는 불법입니다. 적발되면 원상복구 명령을 받습니다. 깎아낸 땅을 다시 메우고, 쌓은 흙을 다시 치워야 합니다. 이행하지 않으면 이행강제금이 부과됩니다. 형사처벌도 받을 수 있습니다. 무엇보다 불법 개발 위에 지은 건물은 사용승인을 받을 수 없어서 정상적인 사용이 어렵습니다.

모든 개발행위에 허가가 필요한 것은 아닙니다. 경미한 개발행위는 허가 없이 할 수 있습니다. 예를 들어, 도시지역에서 높이 50센티미터 이내의 절토나 성토는 허가가 필요 없습니다. 농업이나 임업을 위한 비닐하우스 설치도 원칙적으로 허가 대상이 아닙니다. 다만, 이런 예외 규정은 지역마다 조금씩 다를 수 있으므로 관할 구청이나 시청에 문의해서 정확히 확인하는 것이 좋습니다.

땅을 사기 전에 개발행위허가 가능 여부를 확인하는 것이 중요합니다. 토지이용계획확인서를 발급받으면 그 땅의 용도지역과 각종 규제 사항을 알 수 있습니다. 이 서류를 보면 개발행위가 가능한지, 어떤 제한이 있는지 대략 짐작할 수 있습니다. 더 정확한 것은 관할 시·군·구청의 담당 부서에 직접 문의하는 것입니다. 토지를 구입하고 나서 개발이 안 된다는 것을 알게 되면 낭패입니다. 사전 조사가 필수입니다.

결국 개발행위허가는 국토를 체계적으로 관리하기 위한 제도입니다. 모든 사람이 자기 땅을 마음대로 개발한다면 국토는 난개발로 몸살을 앓을 것입니다. 도로나 상하수도 같은 기반시설이 뒷받침되지 않은 상태에서 건물이 들어서면 많은 문제가 생깁니다. 환경도 파괴됩니다. 개발행위허가 제도는 이런 문제를 예방하고, 계획적인 국토 이용을 유도하기 위한 것입니다. 내 땅이지만 공동체의 일원으로서 지켜야 할 절차가 있는 것입니다.

06

재개발과 재건축, 정비사업의 기초

낡은 주택 밀집 지역이 깨끗한 새 아파트 단지로 바뀌는 것을 본 적이 있을 것입니다. 30년 된 아파트가 헐리고 그 자리에 새 아파트가 들어서기도 합니다. 이런 사업을 '정비사업'이라고 합니다. 뉴스에서 자주 듣는 '재개발', '재건축'이 바로 정비사업의 종류입니다. 비슷해 보이지만 법적으로는 다른 개념입니다. 정비사업의 기초를 이해해야 복잡한 부동산 뉴스도 제대로 읽을 수 있습니다.

정비사업은 '도시 및 주거환경정비법'(도시정비법)에 근거합니다. 이 법은 도시 기능의 회복과 주거환경의 개선을 목적으로 합니다. 오래되고 낡은 지역을 새롭게 정비하여 도시를 활성화하고 주민들의 주거 환경을 개선하는 것입니다. 정비사업에는 크게 재개발사업, 재건축사업, 그리고 주거환경개선사업 등이 있습니다. 각각의 사업은 대상 지역의 특성과 요건이 다릅니다.

　재개발사업은 정비기반시설이 열악하고 노후·불량 건축물이 밀집한 지역을 대상으로 합니다. 쉽게 말해 도로도 좁고, 상하수도도 제대로 안 되어 있고, 오래된 집들이 다닥다닥 붙어 있는 동네를 완전히 새로 만드는 것입니다. 기존의 집들을 모두 헐고, 도로와 공원 같은 기반시설을 새로 정비한 다음, 새 아파트를 짓습니다. 단순히 건물만 바꾸는 것이 아니라 동네 전체의 구조를 바꾸는 대규모 사업입니다.

　재건축사업은 이와 다릅니다. 정비기반시설은 양호하지만 건축물이 노후·불량한 지역을 대상으로 합니다. 대표적인 예가 오래된 아파트 단지입니다. 도로나 학교, 공원 등 기반시설은 이미 잘 갖춰져 있지만, 아파트 자체가 너무 낡아서 새로 지어야 하는 경우입니다. 기존 아파트를 헐고 같은 자리에 새 아파트를 짓는 것이 재건축입니다. 기반시설 정비 없이 건물만 새로 짓는다는 점에서 재개발과 구별됩니다.

　재개발과 재건축의 가장 큰 차이는 '기반시설'입니다. 재개발은 기반시설이 열악한 지역, 재건축은 기반시설이 양호한 지역입니다. 이 차이 때문에 사업의 규모와 복잡성도 달라집니다. 재개발은 도로를 새로 내고 공원을 조성하는 등 대규모 토목공사가 필요합니다. 시간도 오래 걸리고 비용도 많이 듭니다. 재건축은 상대적으로 단순합니다. 기존 단지 안에서 건물만 새로 지으면 되기 때문입니다.

　정비사업이 시작되려면 먼저 해당 지역이 '정비구역'으로 지정되어야 합니다. 지방자치단체가 도시·주거환경정비기본계획을 수립하고, 그에 따라 정비가 필요한 지역을 정비구역으로 지정합니다. 재건축의 경우에는 안전진단을 거쳐야 합니다. 건물의 구조적 안전성, 마감 상태, 설비 노후도 등을 종합 평가하여 재건축이 필요한지 판단합니다. 안전진단에서 D등급이나 E등급을 받아야 재건축이 가능합니다.

정비구역이 지정되면 조합을 설립합니다. 정비사업은 대부분 조합이 시행합니다. 토지등소유자들이 모여서 조합을 만들고, 조합이 사업의 주체가 됩니다. 조합을 설립하려면 토지등소유자의 일정 비율 이상이 동의해야 합니다. 재개발은 토지등소유자의 4분의 3 이상, 토지 면적의 2분의 1 이상의 동의가 필요합니다. 재건축은 주택단지의 경우 각 동별 구분소유자의 과반수, 전체 구분소유자의 4분의 3 이상, 전체 토지 면적의 4분의 3이상의 동의가 필요합니다.

조합이 설립되면 사업시행계획을 수립합니다. 어떤 규모로, 어떤 형태의 아파트를 지을지, 공사 기간은 얼마나 걸릴지, 사업비는 얼마나 드는지 등을 정합니다. 사업시행계획이 인가되면 본격적인 사업이 시작됩니다. 그다음은 관리처분계획입니다. 새로 지은 아파트를 누구에게 어떻게 배분할지 정하는 것입니다. 기존 소유자들이 얼마짜리 아파트를 받게 될지, 추가로 내야 할 분담금은 얼마인지 등이 결정됩니다.

관리처분계획이 인가되면 이주가 시작됩니다. 기존 거주자들이 모두 이사를 가야 합니다. 이주가 완료되면 철거를 하고 새 건물을 짓습니다. 공사가 끝나고 준공 인가를 받으면 입주가 시작됩니다. 이 모든 과정이 순조롭게 진행되면 5년에서 10년 정도 걸립니다. 하지만 조합원 간의 갈등, 분담금 문제, 경기 변동 등으로 사업이 지연되거나 무산되는 경우도 많습니다.

정비사업에서 가장 민감한 것이 '분담금'입니다. 조합원이 새 아파트를 받기 위해 추가로 내야 하는 돈입니다. 기존에 가진 부동산의 가치와 새로 받을 아파트의 가치 차이에서 발생합니다. 예를 들어, 기존 주택의 감정가가 3억 원이고 새 아파트의 분양가가 7억 원이면, 4억 원을 추가로 내야 합니다. 이 분담금이 예상보다 많아지면 조합원들의 불만이 커지고 사업이 표류하기도 합니다.

소규모주택정비사업이라는 것도 있습니다. 기존의 재개발·재건축 사업이 너무 대규모이고 오래 걸리는 문제를 해결하기 위해 도입되었습니다. 자율주택정비사업, 가로주택정비사업, 소규모재건축사업 등이 여기에 속합니다. 규모가 작고 절차가 간소화되어 빠른 사업 추진이 가능합니다. 도시 곳곳의 노후 주택 문제를 좀 더 유연하게 해결하려는 취지입니다.

정비사업은 복잡하고 오래 걸리는 사업입니다. 많은 이해관계자가 얽혀 있고, 막대한 자금이 오갑니다. 그래서 분쟁도 많습니다. 조합 임원의 비리, 시공사 선정 과정의 잡음, 분담금 산정에 대한 불만, 이주보상 문제 등 여러 갈등이 발생합니다. 정비사업 구역 내에 부동산을 가지고 있다면 사업의 진행 상황을 꼼꼼히 지켜봐야 합니다. 조합 총회에 참석하고, 중요한 결정에 목소리를 내는 것이 자신의 재산을 지키는 길입니다.

도시정비법상 조합원의 권리와 의무

재개발이나 재건축 사업이 진행되는 지역에 부동산을 가지고 있다면, 당신은 아마 '조합원'이 될 것입니다. 정비사업은 조합이 시행하고, 조합은 조합원들로 구성됩니다. 조합원이 된다는 것은 무엇을 의미할까요? 어떤 권리를 갖고 어떤 의무를 지게 될까요? 수억 원의 재산이 걸린 문제이니 조합원의 지위를 정확히 이해하는 것이 중요합니다.

조합원 자격은 정비구역 내 토지등소유자에게 주어집니다. '토지등소유자'란 토지 또는 건축물의 소유자를 말합니다. 재개발의 경우 토지와 건축물 소유자 모두가 해당됩니다. 재건축의 경우 구분소유권의 소유자, 즉 아파트나 빌라의 각 세대 소유자가 해당됩니다.

조합원의 가장 중요한 권리는 '분양권'입니다. 정비사업이 완료되면 새로 지은 아파트를 분양받을 권리가 있습니다. 조합원은 일반 분양과 달리 조합원 분양가로 아파트를 받습니다. 일반 분양가보다 저렴한 경우가 많습니다. 어떤 평형의 아파트를 받을지는 기존에 소유한 부동산의 가치에 따라 달라집니다. 관리처분계획에서 이것이 결정됩니다. 기존 자산 가치가 높을수록 더 큰 평형의 아파트를 받을 수 있습니다.

조합원은 총회에 참석하여 의결권을 행사할 권리가 있습니다. 총회는 조합의 최고 의사결정 기관입니다. 조합 임원 선출, 시공사 선정, 사업시행계획 승인, 관리처분계획 승인 등 중요한 사항이 총회에서 결정됩니다. 조합원 1인이 1개의 의결권을 갖는 것이 원칙입니다. 하나의 토지나 건물을 여러 사람이 공유하고 있다면 대표자 1인만 의결권을 행사합니다. 총회에 직접 참석하기 어려우면 서면으로 의결권을 행사하거나 대리인을 지정할 수도 있습니다.

조합원은 조합 운영을 감시할 권리도 있습니다. 조합의 회계장부와 관련 서류를 열람하고 복사할 수 있습니다. 조합이 어떻게 돈을 쓰고 있는지, 사업이 제대로 진행되고 있는지 확인할 권리가 있는 것입니다. 조합 임원에 대한 해임을 청구할 수도 있습니다. 전체 조합원의 10분의 1 이상이 동의하면 임원 해임을 위한 총회 소집을 요구할 수 있습니다. 조합 운영에 문제가 있다고 생각되면 적극적으로 목소리를 내야 합니다.

조합원에게는 의무도 있습니다. 가장 중요한 것이 '분담금 납부 의무'입니다. 앞서 설명했듯이 분담금은 기존 자산 가치와 새 아파트 가치의 차이입니다. 이 돈을 정해진 기한 내에 내야 합니다. 분담금을 내지 않으면 분양권을 잃을 수 있습니다. 조합이 정하는 기한까지 납부하지 않으면 조합원 자격을 상실하고, 현금으로 청산을 받게 될 수도 있습니다. 분담금은 적지 않은 금액이므로 미리 자금 계획을 세워야 합니다.

이주 의무도 있습니다. 관리처분계획이 인가되고 이주 시기가 정해지면 조합이 정한 기한 내에 이사를 가야 합니다. 이주하지 않으면 사업 진행이 지연됩니다. 명도소송을 당할 수도 있습니다. 물론 이주에 따른 비용은 보상을 받습니다. 이주비와 이사비가 지급되고, 임대주택이 제공되기도 합니다. 하지만 이주 시기나 보상 금액에 불만이 있더라도 일방적으로 버티기보다는 조합과 협의하는 것이 바람직합니다.

조합원 지위는 원칙적으로 양도할 수 있습니다. 부동산을 팔면 조합원 지위도 함께 넘어갑니다. 다만, 투기를 막기 위해 일정한 제한이 있습니다. 투기과열지구에서는 일정 기간 조합원 지위를 양도할 수 없습니다. 예외적으로 세대원 전원이 다른 시·도로 이사하거나, 상속, 이혼 등의 사유가 있으면 양도가 가능합니다. 양도가 제한되는 기간과 예외 사유를 잘 알아 두어야 합니다.

조합원이 아닌 '토지등소유자'도 있습니다. 정비구역 내에 부동산을 가지고 있지만 조합에 가입하지 않거나 가입 자격이 없는 사람입니다. 이들은 분양권이 없습니다. 사업이 완료되면 현금으로 청산을 받습니다. 기존 부동산의 감정 평가액에 해당하는 돈을 받고 토지나 건물을 조합에 넘기는 것입니다. 새 아파트에 입주할 수 없으므로 재산상 불이익이 있을 수 있습니다. 정비사업에 반대하더라도 조합원 자격을 유지하는 것이 유리한 경우가 많습니다.

정비사업에서 조합원 간의 갈등도 흔합니다. 조합 임원의 횡령이나 배임, 시공사 선정 과정의 비리, 분담금 산정의 불공정성 등이 문제가 됩니다. 이런 문제가 생기면 조합원들끼리 소송을 하기도 합니다. 조합 임원을 상대로 손해배상을 청구하거나, 총회 결의의 효력을 다투는 소송이 대표적입니다. 조합원으로서 자신의 권리를 지키려면 사업 진행 상황을 꼼꼼히 살피고, 문제가 있으면 적극적으로 대응해야 합니다.

결국 조합원의 권리와 의무는 동전의 양면입니다. 새 아파트를 받을 권리가 있지만 분담금을 내야 합니다. 총회에서 목소리를 낼 권리가 있지만 조합의 결정에 따라야 합니다. 정비사업은 나 혼자만의 일이 아닙니다. 많은 사람들의 재산과 삶이 걸린 공동의 사업입니다. 조합원으로서 권리를 행사하고 의무를 다하는 것, 그것이 자신의 재산을 지키면서도 사업을 성공으로 이끄는 길입니다. 무관심이 가장 큰 적입니다.

08
수용과 보상, 내 땅을 국가에 내어 줄 때

어느 날 갑자기 정부에서 연락이 옵니다. 도로를 내야 하는데 당신의 땅이 그 도로 부지에 포함되어 있다고 합니다. 땅을 내놓아야 한다는 것입니다. 황당합니다. 내 땅인데 왜 내놓아야 할까요? 이것이 바로 '수용'입니다. 공익사업을 위해 개인의 재산권을 강제로 취득하는 것입니다. 물론 아무런 대가 없이 빼앗는 것은 아닙니다. 정당한 보상이 따릅니다. 수용과 보상, 그 법적 원리를 알아봅시다.

수용이란 공익사업을 위해 타인의 토지나 건물 등을 강제로 취득하는 것입니다. '공익사업을 위한 토지 등의 취득 및 보상에 관한 법률'(토지보상법)이 이를 규율합니다. 헌법도 재산권의 수용을 인정합니다. 다만, 공공필요가 있어야 하고, 법률에 의해야 하며, 정당한 보상을 해야 한다고 정하고 있습니다. 수용은 재산권에 대한 가장 강력한 제한이므로 엄격한 요건 하에서만 허용됩니다.

어떤 사업이 수용을 할 수 있을까요? 토지보상법은 공익사업의 종류를 정하고 있습니다. 도로, 철도, 공항, 항만 같은 교통시설 사업, 학교, 병원 같은 공공시설 사업, 댐, 발전소 같은 에너지 관련 사업, 택지개발 사업, 산업단지 조성사업 등이 여기에 해당합니다. 국가나 지방자치단체가 직접 시행하는 사업뿐 아니라, 한국토지주택공사 같은 공공기관이나 민간 사업자가 시행하는 사업도 법에 정한 요건을 갖추면 수용권이 인정됩니다.

수용 절차는 복잡합니다. 먼저 해당 사업이 공익사업으로 인정받아야 합니다. 사업인정이라고 합니다. 국토교통부장관이나 시·도지사가 사업인정을 합니다. 사업인정 고시가 나면 토지 소유자에게 개별 통지가 됩니다. 그다음은 협의입니다. 사업시행자가 토지 소유자와 보상에 대해 협의합니다. 협의가 되면 협의취득으로 끝납니다. 협의가 안 되면 수용재결을 신청합니다. 토지수용위원회가 수용 여부와 보상액을 결정합니다.

보상의 원칙은 '정당한 보상'입니다. 헌법이 보장하는 원칙입니다. 정당한 보상이란 객관적인 시장가치를 기준으로 한 완전한 보상을 의미합니다. 실제 거래가격이 아니라 감정평가액을 기준으로 합니다. 감정평가사가 해당 토지와 건물을 평가합니다. 토지의 위치, 면적, 용도, 이용상황, 주변 환경 등을 종합적으로 고려합니다. 두 명 이상의 감정평가사가 평가하고, 그 평균값이 보상액의 기준이 됩니다.

토지 보상만 있는 것이 아닙니다. 건물이 있으면 건물 보상을 받습니다. 건물을 헐어야 하므로 건물의 가치를 평가하여 보상합니다. 농지라면 농업손실보상을 받습니다. 농사를 짓지 못하게 되는 손실에 대한 보상입니다. 영업을 하고 있었다면 영업손실보상을 받습니다. 이전비용과 휴업 기간의 손실 등이 포함됩니다. 이사를 해야 하니 이주정착금도 나옵니다. 이렇게 여러 항목의 보상이 있습니다.

세입자도 보상을 받을 수 있습니다. 주거용 건물의 세입자는 주거이전비를 받습니다. 이사비용과 임시 거주에 드는 비용에 해당합니다. 상가 세입자는 영업손실보상을 받을 수 있습니다. 다만, 일정 기간 이상 영업을 해 왔어야 합니다. 세입자는 토지 소유자와 달리 직접 수용 대상이 아니므로 보상 절차가 다를 수 있습니다. 사업시행자에게 적극적으로 요청해야 합니다.

보상금에 불만이 있으면 어떻게 해야 할까요? 토지수용위원회의 재결에 이의가 있으면 이의신청을 할 수 있습니다. 재결서를 받은 날부터 30일 이내에 중앙토지수용위원회에 이의신청을 합니다. 이의신청 결과에도 불복하면 행정소송을 제기할 수 있습니다. 보상금 증액을 구하는 소송입니다. 법원에서 감정을 다시 하고, 적정한 보상액을 결정합니다.

수용에 응하지 않으면 어떻게 될까요? 수용재결이 확정되면 사업시행자는 보상금을 공탁하고 토지를 사용할 수 있습니다. 토지 소유자가 반대하더라도 강제로 토지를 취득하게 됩니다. 건물이 있으면 대집행으로 철거할 수 있습니다. 물리적으로 저항해도 결국은 국가 권력 앞에 무력합니다. 그래서 수용 자체를 막기는 어렵습니다. 다만, 절차적 하자를 다투거나 보상액을 높이는 것은 가능합니다.

최근에는 '간접수용'이라는 문제도 있습니다. 공식적으로 토지를 수용하지는 않지만, 각종 규제로 인해 토지 이용이 사실상 불가능해지는 경우입니다. 개발제한구역 지정이 대표적입니다. 땅은 내 것이지만 아무것도 할 수 없습니다. 이런 경우에도 보상을 받을 수 있는지 논란이 있습니다. 현재 법은 장기간 매수청구권을 인정하고 있습니다. 일정 기간 이상 개발이 제한된 토지에 대해 국가에 매수를 청구할 수 있습니다.

수용은 개인의 재산권과 공익이 충돌하는 지점입니다. 도로나 학교를 짓는 것은 분명히 공익에 필요한 일입니다. 하지만 그 과정에서 개인의 삶의 터전이 사라집니다. 수십 년 살아온 집, 땀 흘려 일군 땅을 떠나야 합니다. 법이 정당한 보상을 약속하지만, 돈으로 환산할 수 없는 가치도 있습니다. 그래서 수용 절차에서는 충분한 협의와 소통이 중요합니다. 형식적인 절차에 그치지 않고 진정한 이해와 배려가 필요합니다.

내 땅이 공익사업 부지에 포함되었다면 당황하지 말고 차분히 대응해야 합니다. 먼저 해당 사업의 내용과 절차를 파악합니다. 보상 기준과 금액을 꼼꼼히 확인합니다. 감정평가 결과가 적정한지 전문가의 도움을 받아 검토합니다. 협의 단계에서 충분히 의견을 개진하고, 필요하면 이의신청이나 소송도 고려합니다. 결국 아는 만큼 지킬 수 있습니다. 수용과 보상의 원리를 이해하고, 자신의 권리를 제대로 주장하는 것이 중요합니다.

제4장

부동산 금융
— 돈과 부동산이 만나는 곳

01
주택담보대출의 기본 원리

　내 집 마련의 꿈을 이루려면 대부분의 사람들은 대출을 받아야 합니다. 집값이 워낙 비싸서 모든 금액을 현금으로 준비하기란 쉽지 않기 때문입니다. 특히 서울이나 수도권의 아파트 가격은 수억, 수십억 원을 호가하니, 현금으로만 집을 산다는 것은 보통 사람에게는 거의 불가능에 가깝습니다. 이때 가장 흔히 이용하는 것이 바로 주택담보대출입니다. 집을 담보로 맡기고 돈을 빌리는 것입니다. 뉴스에서 '주담대'라고 줄여 부르는 바로 그 대출입니다. 어떻게 집을 담보로 돈을 빌릴 수 있는 것일까요? 그 원리를 이해하면 대출을 받을 때 더 현명한 선택을 할 수 있습니다.

　담보대출의 기본 원리는 간단합니다. 돈을 빌려주는 쪽에서는 '만약 이 사람이 돈을 갚지 못하면 어떻게 하지?'라는 걱정이 있습니다. 아무리 신용이 좋은 사람이라도 갑자기 사업이 망하거나 실직할 수 있으니까요. 이 걱정을 덜어 주는 것이 담보입니다. 빌리는 사람이 가진 부동산을 담보로 제공하면, 돈을 갚지 못할 경우 그 부동산을 처분해서 빌려준 돈을 회수할 수 있습니다. 은행 입장에서는 안전장치가 생기는 셈입니다. 그래서 담보가 있으면 신용대출보다 더 많은 금액을 더 낮은 금리로 빌릴 수 있습니다. 은행의 위험이 줄어드니 그만큼 이자도 낮아지는 것입니다.

주택담보대출을 받으면 은행은 그 주택에 '근저당권'이라는 것을 설정합니다. 근저당권에 대해서는 다음 장에서 자세히 다루겠지만, 간단히 말하면 '이 집은 은행에 빚이 있다'는 표시를 등기부에 해 두는 것입니다. 이렇게 해 두면 집주인이 집을 팔더라도 은행은 그 집에서 빌려준 돈을 우선적으로 받을 수 있습니다. 새 주인에게도 근저당권은 따라갑니다. 집주인이 바뀌어도 은행의 권리는 사라지지 않습니다. 그래서 부동산을 살 때 등기부등본을 꼭 확인해야 하는 것입니다. 근저당권이 설정되어 있다면 그 집에는 빚이 끼어 있다는 뜻이니까요.

주택담보대출에는 여러 종류가 있습니다. 가장 기본적인 것은 은행에서 직접 받는 일반 주택담보대출입니다. 시중은행, 지방은행, 인터넷전문은행 등에서 취급합니다. 은행마다 금리와 조건이 다르므로 여러 곳을 비교해 보는 것이 좋습니다. 같은 금액을 빌려도 금리가 0.5%만 달라도 수십만 원의 이자 차이가 날 수 있습니다. 요즘은 인터넷으로 여러 은행의 금리를 비교할 수 있는 서비스도 있으니 활용해 보시기 바랍니다. 정부나 공공기관에서 지원하는 정책 대출도 있습니다. 대표적인 것이 한국주택금융공사의 '보금자리론'입니다. 일정 소득 이하의 무주택자나 1주택자에게 낮은 금리로 장기 대출을 해 줍니다. 조건에 맞으면 일반 은행 대출보다 유리할 수 있으니 꼭 확인해 보시기 바랍니다.

대출 금리는 크게 고정금리와 변동금리로 나뉩니다. 고정금리는 대출 기간 동안 이자율이 변하지 않습니다. 처음 정한 금리 그대로 끝까지 갑니다. 금리가 오를 때는 유리하지만, 금리가 내릴 때는 아쉬울 수 있습니다. 금리 상승기에는 고정금리를 선택해 두면 마음이 편합니다. 변동금리는 시장 금리에 따라 이자율이 변합니다. 보통 6개월이나 1년 단위로 금리가 조정됩니다. 금리가 내리면 이자 부담이 줄지만, 금리가 오르면 부담이 커집니다. 금리 하락기에는 변동금리가 유리할 수 있습니다. 요즘은 일정 기간은 고정이고 이후에는 변동이 되는 '혼합형' 상품도 많습니다. 예를 들어 처음 5년은 고정금리, 이후는 변동금리로 적용되는 식입니다. 자신의 상황과 금리 전망을 고려해서 선택해야 합니다.

대출 상환 방식도 중요합니다. 원리금균등상환은 매달 같은 금액을 갚는 방식입니다. 원금과 이자를 합한 금액이 매월 동일하므로 계획을 세우기 쉽습니다. '이번 달에 얼마를 갚아야 하지?' 고민할 필요가 없습니다. 초반에는 이자 비중이 높고 후반으로 갈수록 원금 비중이 높아집니다. 원금균등상환은 매달 같은 금액의 원금을 갚는 방식입니다. 원금이 일정하게 줄어들기 때문에 이자도 점점 줄어듭니다. 초반에는 상환액이 크지만 점점 줄어듭니다. 총 이자 부담은 원리금균등상환보다 적습니다. 여유가 있다면 이 방식이 유리합니다. 만기일시상환은 대출 기간 동안 이자만 내다가 만기에 원금을 한꺼번에 갚는 방식입니다. 매달 부담은 적지만 만기에 목돈을 마련해야 하므로 주의가 필요합니다. 만기 때 갚을 돈이 없으면 곤란해지니까요.

주택담보대출을 받을 때는 여러 비용이 발생합니다. 먼저 근저당권 설정 비용이 있습니다. 등록면허세와 지방교육세, 법무사 수수료 등이 포함됩니다. 대출 금액의 약 0.2%에서 0.4% 정도입니다. 3억 원을 대출받으면 60만 원에서 120만 원 정도의 설정 비용이 듭니다. 인지세도 있습니다. 대출 계약서에 붙이는 세금인데, 대출 금액에 따라 달라집니다. 1억 원 초과 10억 원 이하면 15만 원입니다. 은행에 따라 대출 취급 수수료를 받는 경우도 있습니다. 이런 부대비용을 미리 계산해 두어야 실제로 필요한 자금을 정확히 파악할 수 있습니다. 집값 외에도 여러 비용이 들어가니 예산을 넉넉히 잡아 두는 것이 좋습니다.

대출을 받기 전에 자신의 상환 능력을 냉정하게 점검해야 합니다. 매달 얼마를 갚아야 하는지, 내 소득에서 그 금액을 감당할 수 있는지 계산해 봐야 합니다. 전문가들은 월 소득의 30%를 넘는 대출 상환액은 위험하다고 조언합니다. 월급이 400만 원이면 월 상환액이 120만 원을 넘지 않는 것이 좋다는 뜻입니다. 금리가 오르면 상환액도 늘어난다는 점도 고려해야 합니다. 지금은 감당할 수 있어도 금리가 1%만 올라도 상환액이 크게 늘어날 수 있습니다. 변동금리 대출이라면 더욱 주의가 필요합니다. 여유 있게 계획을 세우는 것이 현명합니다.

중도상환수수료에 대해서도 알아 두어야 합니다. 대출을 예정보다 빨리 갚으면 수수료를 내야 하는 경우가 있습니다. 은행은 정해진 기간 동안 이자를 받을 것을 예상하고 대출을 해 줬는데, 중간에 갚아 버리면 예상했던 이자 수입을 놓치게 됩니다. 그래서 일정 기간 내에 상환하면 중도상환수수료를 부과합니다. 보통 대출 후 1년 이내에 상환하면 수수료가 발생합니다. 수수료율은 대출 상품마다 다르니 계약 전에 확인해야 합니다. 요즘은 중도상환수수료가 없는 상품도 있으니 비교해 보시기 바랍니다. 집을 팔 계획이 있거나, 목돈이 생기면 바로 갚을 생각이라면 중도상환수수료를 꼭 확인해야 합니다.

대출 한도는 어떻게 정해질까요? 은행은 담보가 되는 주택의 가치와 대출받는 사람의 상환 능력을 종합적으로 평가합니다. 주택의 시세를 감정하고, 그 가치의 일정 비율까지만 대출해 줍니다. 이것을 LTV(담보인정비율)라고 합니다. 또한 소득 대비 대출 상환액이 적정한지도 따집니다. 이것이 DTI(총부채상환비율)와 DSR(총부채원리금상환비율)입니다. 집값이 아무리 비싸도 소득이 적으면 대출 한도가 줄어듭니다. 반대로 소득이 높아도 집값이 낮으면 그 이상 빌리기 어렵습니다. 이 규제들에 대해서는 뒤에서 자세히 설명하겠습니다.

결국 주택담보대출은 내 집 마련을 앞당기는 도구입니다. 지금 당장 목돈이 없어도 미래의 소득을 담보로 집을 살 수 있게 해 줍니다. 하지만 빚은 빚입니다. 갚아야 할 의무가 생깁니다. 매달 꼬박꼬박 이자와 원금을 상환해야 합니다. 갚지 못하면 담보로 잡힌 집을 잃을 수도 있습니다. 경매로 넘어가면 시세보다 낮은 가격에 팔릴 수 있고, 빚을 다 갚지 못하면 그 빚은 여전히 남습니다. 그러므로 대출은 신중하게 결정해야 합니다. 얼마를 빌릴지, 어떤 조건으로 빌릴지, 어떻게 갚을지를 꼼꼼히 따져 보고 결정해야 합니다. 잘 활용하면 내 집 마련의 든든한 지원군이 되지만, 무리하면 오히려 짐이 될 수 있습니다. 대출의 원리를 이해하고 현명하게 활용하는 것, 그것이 부동산 금융의 첫걸음입니다.

02
근저당권이란 무엇인가

등기부등본을 열어보면 '을구'라는 란에 '근저당권 설정'이라는 글자가 적혀 있는 경우가 많습니다. 채권최고액 얼마, 근저당권자 어느 은행이라고 기재되어 있습니다. 이것이 무슨 뜻일까요? 부동산에 대출이 끼어 있다는 표시입니다. 앞서 주택담보대출을 받으면 근저당권이 설정된다고 했는데, 이제 그 근저당권이 정확히 무엇인지 살펴보겠습니다. 근저당권을 이해하면 부동산 거래의 안전을 지키는 데 큰 도움이 됩니다. 등기부의 의미를 제대로 읽을 수 있게 되기 때문입니다.

저당권이라는 개념부터 알아봅시다. 저당권이란 채무자가 빚을 갚지 못할 경우 담보로 제공한 부동산에서 빚을 회수할 수 있는 권리입니다. 돈을 빌려준 사람(채권자)이 빌린 사람(채무자)의 부동산을 담보로 잡아 두는 것입니다. 그런데 부동산을 직접 가져가는 것은 아닙니다. 빚을 갚지 못하면 경매 등을 통해 처분하여 그 대금에서 우선적으로 변제받을 권리입니다. 담보물을 점유하지 않고도 권리를 확보할 수 있어서 채무자는 계속 그 부동산을 사용할 수 있습니다. 집을 담보로 잡혔다고 해서 당장 나가야 하는 것이 아닙니다. 대출금을 제대로 갚으면 아무 문제없이 살 수 있습니다.

그렇다면 '근저당권'은 무엇일까요? '근'이라는 글자가 붙었습니다. 한자로 根(뿌리 근)입니다. 기본이 되는 저당권이라는 뜻입니다. 일반 저당권과 근저당권의 차이는 담보하는 채권의 범위에 있습니다. 일반 저당권은 특정한 채권 하나만을 담보합니다. 예를 들어 1억 원을 빌렸다면 딱 그 1억 원만 담보합니다. 그 빚을 갚으면 저당권도 함께 소멸합니다. 반면 근저당권은 일정한 범위 내에서 계속 변동하는 불특정 다수의 채권을 담보합니다. 채권최고액이라는 한도 안에서 원금, 이자, 지연손해금 등을 포괄적으로 담보하는 것입니다.

왜 이런 방식을 쓸까요? 실생활에서는 빚의 금액이 계속 바뀌기 때문입니다. 대출을 받으면 원금에 이자가 붙습니다. 일부를 갚으면 잔액이 줄어듭니다. 추가로 빌리면 또 늘어납니다. 연체하면 연체이자가 붙습니다. 이렇게 채권 금액이 계속 변동하는데, 일반 저당권으로는 이런 상황에 대응하기 어렵습니다. 금액이 바뀔 때마다 저당권을 새로 설정해야 하니까요. 그때마다 등기소에 가서 등기를 하고 비용을 내야 합니다. 근저당권은 이 불편을 해결합니다. 채권최고액이라는 천장을 정해 두고, 그 범위 안에서 채권이 아무리 변동해도 담보의 효력이 유지됩니다. 한 번의 등기로 계속되는 거래 관계를 담보할 수 있는 것입니다.

등기부에 기재된 '채권최고액'은 실제 빌린 돈이 아닙니다. 담보하는 금액의 최고 한도입니다. 예를 들어 1억 원을 빌리면서 채권최고액 1억 2천만 원으로 근저당권을 설정할 수 있습니다. 왜 실제 대출금보다 높게 설정할까요? 이자와 지연손해금까지 담보하기 위해서입니다. 빚을 제때 갚지 못하면 이자가 쌓이고, 연체이자가 붙습니다. 원금보다 많은 금액을 갚아야 할 수도 있습니다. 그래서 보통 실제 대출금의 120%에서 130% 정도로 채권최고액을 설정합니다. 등기부를 볼 때 채권최고액만 보고 실제 빚이 그 금액이라고 오해하면 안 됩니다. 실제 채무액은 따로 확인해야 합니다.

근저당권이 설정된 부동산을 사도 될까요? 사도 됩니다. 하지만 주의가 필요합니다. 근저당권은 물권입니다. 물권이란 물건에 대한 권리로서, 누구에게나 주장할 수 있습니다. 집주인이 바뀌어도 근저당권은 그대로 남아 있습니다. 새 주인이 원래 집주인의 빚을 갚지 않으면 은행은 경매를 신청할 수 있습니다. 그러면 새 주인은 집을 잃을 수도 있습니다. 내가 빌린 빚도 아닌데 집을 빼앗기는 억울한 상황이 생길 수 있습니다. 그래서 근저당권이 설정된 부동산을 살 때는 잔금 지급 전에 근저당권을 말소하거나, 채무를 인수하는 조건으로 거래하는 등의 방법을 강구해야 합니다.

가장 안전한 방법은 잔금일에 근저당권을 말소하는 것입니다. 실무에서는 이렇게 진행됩니다. 잔금일이 다가오면 매도인이 은행에 대출 상환을 예고합니다. 은행은 상환 예정 금액과 근저당권 말소에 필요한 서류를 준비합니다. 잔금일에 매수인이 매도인에게 잔금을 지급합니다. 매도인은 그 돈으로 은행에 대출을 상환합니다. 은행은 근저당권 말소 서류를 내줍니다. 법무사는 소유권 이전등기와 함께 근저당권 말소등기를 신청합니다. 이 모든 과정이 같은 날, 같은 자리에서 이루어져야 안전합니다. 시간 간격이 생기면 그 사이에 다른 문제가 발생할 수 있기 때문입니다.

근저당권에는 순위가 있습니다. 같은 부동산에 여러 개의 근저당권이 설정될 수 있습니다. 이때 먼저 설정된 근저당권이 1순위, 그다음이 2순위가 됩니다. 등기 순서에 따라 순위가 정해지는 것입니다. 경매가 진행되면 1순위 근저당권자가 먼저 변제받고, 남은 금액이 있으면 2순위가 받습니다. 후순위로 갈수록 돈을 받지 못할 위험이 커집니다. 경매 대금이 모자라면 후순위 채권자는 한 푼도 못 받을 수 있습니다. 그래서 은행들은 1순위 근저당권 설정을 선호합니다. 이미 근저당권이 설정되어 있으면 추가 대출이 어렵거나 불리한 조건이 붙을 수 있습니다.

부동산을 살 때는 등기부등본의 을구를 꼭 확인해야 합니다. 을구에는 소유권 이외의 권리에 관한 사항이 기재됩니다. 근저당권, 전세권, 지역권 등이 여기에 나옵니다. 근저당권이 설정되어 있다면 채권최고액이 얼마인지, 근저당권자가 누구인지, 몇 순위인지를 파악해야 합니다. 그리고 실제 채무 잔액이 얼마인지도 확인해야 합니다. 채권최고액과 실제 채무액은 다를 수 있으니까요. 매도인에게 은행 발급 채무잔액증명서를 요청하면 됩니다. 이 금액이 매매대금보다 많으면 문제가 됩니다. 집을 팔아도 빚을 다 갚지 못하는 상황, 이른바 '깡통' 상태이기 때문입니다.

근저당권 말소 비용은 누가 부담할까요? 일반적으로 매도인이 부담합니다. 자신의 빚을 정리하는 것이니 당연합니다. 말소등기에는 등록면허세, 지방교육세, 법무사 수수료 등이 들어갑니다. 금액이 크지는 않지만, 계약 전에 누가 부담할지 명확히 해 두는 것이 좋습니다. 간혹 분쟁이 생기기도 하니까요. 계약서에 '근저당권 말소 비용은 매도인 부담으로 한다'고 명시해 두면 깔끔합니다. 소유권 이전등기 비용은 매수인이, 말소등기 비용은 매도인이 부담하는 것이 일반적인 관례입니다.

근저당권은 무서운 것이 아닙니다. 대출을 받으면 으레 따라오는 것입니다. 집을 산 사람 중 대출 없이 산 사람이 얼마나 되겠습니까. 대부분의 집에 근저당권이 설정되어 있습니다. 문제는 근저당권의 존재를 모르거나 무시한 채 거래를 진행하는 것입니다. 등기부를 확인하고, 채무 금액을 파악하고, 말소 절차를 제대로 밟으면 안전한 거래가 가능합니다. 근저당권은 채권자를 보호하는 장치이면서 동시에 거래의 투명성을 높이는 역할도 합니다. 등기부에 공시되어 있으니 누구나 확인할 수 있기 때문입니다. 근저당권의 의미와 작동 원리를 이해하면 부동산 거래가 한결 수월해집니다. 모르면 불안하지만 알면 두렵지 않습니다.

03

LTV, DTI, DSR — 대출 규제의 삼총사

부동산 뉴스를 보면 LTV, DTI, DSR이라는 용어가 자주 등장합니다. 정부가 대출 규제를 강화한다거나 완화한다는 기사에 빠지지 않고 나옵니다. 영어 약자라서 어렵게 느껴지지만, 사실 개념 자체는 복잡하지 않습니다. 이 세 가지는 주택담보대출을 받을 때 얼마까지 빌릴 수 있는지를 결정하는 기준들입니다. 집을 사려는 사람이라면 반드시 알아야 할 개념입니다. 이 규제를 모르면 대출 계획을 제대로 세울 수 없습니다. 하나씩 풀어서 설명해 드리겠습니다.

LTV는 Loan To Value ratio의 약자입니다. 우리말로 '담보인정비율'이라고 합니다. 담보물의 가치 대비 대출금의 비율입니다. 쉽게 말해 집값의 몇 퍼센트까지 빌려줄 수 있느냐입니다. 예를 들어 LTV가 70%이고 집값이 5억 원이라면, 최대 3억 5천만 원까지 대출받을 수 있습니다. LTV가 50%라면 2억 5천만 원까지입니다. 같은 집이라도 LTV에 따라 빌릴 수 있는 금액이 크게 달라집니다. 집값이 담보이니, 집값의 일정 비율까지만 빌려주는 것입니다. 만약 빌린 사람이 돈을 갚지 못해서 집이 경매로 넘어가면, 은행은 그 집을 팔아서 돈을 회수합니다. 집값보다 빌려준 돈이 적어야 손해를 보지 않으니까요.

LTV는 지역과 주택 가격, 대출자의 조건에 따라 달라집니다. 투기과열지구나 조정대상지역에서는 LTV가 낮게 적용됩니다. 부동산 가격 상승을 억제하기 위해서입니다. 서울의 주요 지역이나 수도권 핵심 지역은 대부분 규제지역입니다. 일반 지역보다 대출 한도가 적으니 그만큼 집 사기가 어려워집니다. 반대로 비규제지역에서는 LTV가 높게 적용됩니다. 무주택자인지, 1주택자인지, 다주택자인지에 따라서도 달라집니다. 무주택 실수요자에게는 더 높은 LTV를 적용해 주는 경우가 많습니다. 정책 대출인 보금자리론 등은 일반 은행 대출보다 높은 LTV를 적용하기도 합니다. 내가 어떤 조건에 해당하는지에 따라 대출 한도가 달라지니 꼼꼼히 확인해야 합니다.

DTI는 Debt To Income ratio의 약자입니다. '총부채상환비율'이라고 번역합니다. 연 소득 대비 연간 부채 상환액의 비율입니다. 내 소득으로 대출을 감당할 수 있는지를 보는 지표입니다. 예를 들어 DTI가 40%이고 연 소득이 5천만 원이라면, 연간 대출 상환액이 2천만 원을 넘으면 안 됩니다. 월로 나누면 약 167만 원입니다. 이 금액 안에서 대출을 받을 수 있다는 뜻입니다. 소득이 높으면 더 많이 빌릴 수 있고, 소득이 낮으면 적게 빌려야 합니다. DTI를 계산할 때 주택담보대출은 원금과 이자를 모두 포함하고, 다른 대출은 이자만 포함합니다. 이 점이 뒤에서 설명할 DSR과 다른 부분입니다.

DTI 규제가 왜 필요할까요? 집값이 아무리 비싸고 LTV가 높아도, 갚을 능력이 없으면 의미가 없습니다. 무리하게 대출받았다가 갚지 못하면 개인도 힘들고, 금융 시스템 전체에도 문제가 생깁니다. 미국의 서브프라임 모기지 사태가 그런 경우였습니다. 상환 능력이 부족한 사람들에게 과도하게 대출을 해 줬다가 대규모 부실이 발생한 것입니다. 많은 사람들이 집을 잃고, 은행들이 파산하고, 세계 경제가 휘청거렸습니다. DTI 규제는 이런 사태를 예방하기 위한 장치입니다. 소득에 맞는 범위 내에서만 대출을 받게 하는 것입니다.

DSR은 Debt Service Ratio의 약자입니다. '총부채원리금상환비율'이라고 합니다. DTI보다 더 엄격한 기준입니다. DTI가 주택담보대출 위주로 계산한다면, DSR은 모든 대출의 원리금 상환액을 계산에 포함합니다. 신용대출, 자동차 할부, 학자금 대출, 카드론까지 전부 포함됩니다. 주택담보대출뿐 아니라 다른 빚까지 합산해서 상환 능력을 따지는 것입니다. 그래서 같은 소득이라도 DSR로 계산하면 대출 한도가 더 적게 나올 수 있습니다. 이미 다른 빚이 있다면 주택담보대출을 받을 수 있는 여력이 그만큼 줄어듭니다.

DSR 규제는 점점 강화되는 추세입니다. 예전에는 일부 대출에만 적용되다가 지금은 거의 모든 주택담보대출에 적용됩니다. 보통 40%가 기준입니다. 연 소득이 5천만 원이면 모든 대출의 연간 원리금 상환액이 2천만 원을 넘으면 안 됩니다. 이미 다른 대출이 있다면 주택담보대출을 받을 수 있는 여력이 그만큼 줄어듭니다. 기존에 신용대출을 많이 받아 둔 사람은 집을 살 때 어려움을 겪을 수 있습니다. 신용대출 원리금 상환액이 DSR 계산에 포함되어 주택담보대출 한도가 줄어들기 때문입니다. 그래서 집을 살 계획이 있다면 미리 다른 대출을 정리해 두는 것이 좋습니다.

이 세 가지 규제는 서로 연결되어 작동합니다. 대출을 받을 때는 LTV, DTI, DSR 중 가장 낮은 금액이 한도가 됩니다. 예를 들어 LTV로는 3억 원까지 가능한데, DSR로 계산하면 2억 원밖에 안 된다면, 실제 대출 한도는 2억 원입니다. 세 가지 기준을 모두 충족해야 합니다. 하나만 통과한다고 되는 것이 아닙니다. 그래서 대출을 계획할 때는 세 가지를 모두 고려해야 합니다. 은행 창구에서 상담을 받거나, 인터넷 대출 계산기를 활용하면 대략적인 한도를 알 수 있습니다. 미리 계산해 보고 부족한 금액은 어떻게 마련할지 계획을 세워야 합니다.

규제는 수시로 바뀝니다. 부동산 시장 상황에 따라 정부가 규제를 강화하기도 하고 완화하기도 합니다. 집값이 급등하면 규제를 강화해서 대출을 줄이고, 경기가 침체되면 규제를 완화해서 대출을 늘립니다. 지역별로도 다르게 적용됩니다. 투기과열지구와 조정대상지역, 비규제지역에 따라 기준이 다릅니다. 같은 서울이라도 강남은 투기과열지구이고 다른 곳은 조정대상지역일 수 있습니다. 그러므로 집을 사려고 할 때는 최신 규제 내용을 확인해야 합니다. 금융위원회나 금융감독원 홈페이지에서 현행 규제를 확인할 수 있습니다. 정책이 자주 바뀌므로 계약 직전에 다시 한번 확인하는 것이 좋습니다.

대출 규제가 불편하게 느껴질 수 있습니다. 원하는 만큼 빌릴 수 없으니까요. 집을 사고 싶은데 대출이 부족하면 막막합니다. 하지만 이 규제들은 결국 우리 자신을 보호하기 위한 것이기도 합니다. 능력 이 상으로 빚을 지면 나중에 감당하기 어렵습니다. 금리가 오르거나, 소 득이 줄거나, 예상치 못한 일이 생기면 위험해집니다. 집을 지키려고 대출을 받았는데 오히려 집을 잃는 상황이 생길 수 있습니다. 이른바 '하우스푸어'가 되는 것입니다. LTV, DTI, DSR은 무리한 빚을 막아 주 는 안전장치입니다. 규제 안에서 현명하게 계획을 세우는 것이 중요합 니다.

결국 대출 한도는 집값과 내 소득, 그리고 기존 부채 상황에 따라 결 정됩니다. LTV는 집값을 기준으로, DTI와 DSR은 소득을 기준으로 한 도를 정합니다. 이 세 가지 규제의 의미를 이해하면 대출 계획을 세울 때 훨씬 수월합니다. 내가 얼마까지 빌릴 수 있는지 미리 계산해 볼 수 있고, 부족한 금액은 다른 방법으로 마련해야 한다는 것도 알 수 있습 니다. 무작정 은행에 가서 '최대한 많이 빌려주세요'라고 하기보다, 나 의 상황을 정확히 파악하고 준비해서 가는 것이 현명합니다. 대출 규제 의 삼총사, 어렵게 생각하지 말고 내 편으로 만들어 보시기 바랍니다.

04
전세자금대출과 보증의 구조

전세는 한국에만 있는 독특한 주거 제도입니다. 외국에서는 찾아보기 어려운 방식입니다. 집을 사지 않고도 일정 기간 거주할 수 있고, 계약이 끝나면 보증금을 돌려받습니다. 월세처럼 매달 돈이 나가지 않으니 목돈을 활용하면서 주거 안정을 얻을 수 있습니다. 그래서 많은 분들이 전세를 선호합니다. 하지만 전세 보증금도 만만치 않습니다. 서울의 아파트 전세금은 수억 원을 호가합니다. 이 돈을 마련하기 위해 전세자금대출을 받는 분들이 많습니다. 전세자금대출은 어떻게 작동하는 것일까요? 그리고 '보증'이라는 것은 무슨 역할을 할까요?

전세자금대출이란 전세 보증금을 마련하기 위해 받는 대출입니다. 주택담보대출과 달리 집을 사는 것이 아니라 전세로 들어가는 것이므로, 담보의 성격이 다릅니다. 주택담보대출에서는 집 자체가 담보가 됩니다. 하지만 전세자금대출에서 세입자는 집주인이 아니므로 집을 담보로 제공할 수 없습니다. 그러면 담보가 되는 것은 무엇일까요? 세입자가 집주인에게 지급한 전세 보증금입니다. 계약이 끝나면 집주인이 세입자에게 보증금을 돌려줘야 합니다. 그 돌려받을 권리, 즉 '전세보증금 반환채권'이 담보가 됩니다. 은행 입장에서는 세입자가 나중에 받을 보증금에서 대출금을 회수하는 구조입니다.

하지만 전세보증금 반환채권만으로는 은행이 안심하기 어렵습니다. 집주인이 보증금을 돌려주지 못하면 어떻게 될까요? 집주인이 파산하거나 도망가 버리면요? 세입자가 보증금을 받지 못하면 은행도 대출금을 회수하기 어렵습니다. 이런 위험을 줄이기 위해 '보증'이 필요합니다. 보증이란 누군가가 대신 갚아 주겠다는 약속입니다. 만약의 경우에 대비한 안전장치입니다. 전세자금대출에서는 주택도시보증공사(HUG), 한국주택금융공사(HF), 서울보증보험(SGI) 같은 기관이 보증을 서 줍니다. 만약 세입자가 대출을 갚지 못하면 보증기관이 은행에 대신 갚고, 세입자에게 구상권을 행사합니다. 즉, 보증기관이 대신 갚은 돈을 세입자에게 청구하는 것입니다.

전세자금대출의 구조를 좀 더 자세히 살펴봅시다. 먼저 세입자가 전세 계약을 체결합니다. 그리고 은행에 전세자금대출을 신청합니다. 은행은 보증기관에 보증 심사를 요청합니다. 보증기관은 해당 주택과 세입자의 신용을 심사합니다. 집이 안전한지, 세입자가 대출을 갚을 능력이 있는지를 따지는 것입니다. 심사를 통과하면 보증서가 발급되고, 이 보증서를 바탕으로 은행이 대출을 실행합니다. 대출금은 세입자 통장이 아니라 집주인 계좌로 직접 송금되는 경우가 많습니다. 보증금 용도로만 사용되도록 하기 위해서입니다.

보증 심사에서 중요한 것은 해당 주택의 '안전성'입니다. 보증기관은 집주인이 나중에 보증금을 돌려줄 수 있는지를 따집니다. 그래서 주택의 시세와 기존 담보 설정 상황을 꼼꼼히 봅니다. 이미 근저당권이 많이 설정되어 있거나, 시세 대비 보증금이 너무 높으면 보증이 거절될 수 있습니다. 경매로 넘어갔을 때 세입자가 보증금을 온전히 돌려받기 어려울 것으로 판단되기 때문입니다. 쉽게 말해 '깡통전세'로 의심되면 보증을 서 주지 않습니다. 그래서 전세 계약 전에 등기부등본을 확인하는 것이 중요합니다. 근저당권이 과도하게 설정되어 있으면 피하는 것이 좋습니다.

전세자금대출에도 여러 종류가 있습니다. 정부 지원 상품과 은행 자체 상품으로 나뉩니다. 정부 지원 상품으로는 '버팀목 전세자금대출'이 대표적입니다. 무주택 세대주를 대상으로 하며, 소득과 보증금에 따라 한도와 금리가 정해집니다. 청년이나 신혼부부를 위한 특별 상품도 있습니다. 청년전용 버팀목, 신혼부부 전용 대출 등이 있습니다. 이런 정책 상품은 금리가 시중 대출보다 낮아서 유리합니다. 연 2%대 금리도 가능합니다. 조건에 맞으면 먼저 정책 상품을 알아보는 것이 좋습니다. 은행 자체 상품은 조건이 다양하고 한도가 더 높을 수 있지만, 금리도 높은 편입니다.

보증료라는 비용이 있습니다. 보증기관이 보증을 서는 대가로 받는 수수료입니다. 보증 금액에 일정 비율을 곱해서 계산합니다. 보통 연 0.1%에서 0.2% 정도입니다. 1억 원짜리 보증이면 연 10만 원에서 20

만 원 정도입니다. 적은 금액은 아니지만, 보증 없이는 대출 자체가 어렵기 때문에 필수적인 비용입니다. 보증료는 대출 실행 시 일시에 납부하거나, 대출 기간에 걸쳐 나눠 납부하기도 합니다. 상품마다 다르니 확인이 필요합니다. 보증료는 대출 이자 외에 추가로 드는 비용이니 총비용을 계산할 때 포함시켜야 합니다.

전세 계약 갱신 시에도 신경 써야 할 것이 있습니다. 전세자금대출은 전세 계약 기간과 연동됩니다. 전세 계약이 끝나면 대출도 상환해야 합니다. 계약을 갱신하면서 대출을 연장할 수 있지만, 갱신 심사를 다시 받아야 합니다. 보증기관이 다시 한번 심사를 합니다. 보증금이 오르면 추가 대출이 필요할 수 있고, 그만큼 보증 심사도 다시 받아야 합니다. 갱신 시점에 미리 은행에 연락해서 절차를 확인해 두는 것이 좋습니다. 보통 만기 1~2개월 전에 연장 신청을 해야 합니다. 갱신 절차를 놓치면 대출금 상환을 요구받을 수 있습니다.

전세보증금 반환보증이라는 제도도 알아 두면 좋습니다. 이것은 전세자금대출 보증과는 다른 개념입니다. 전세보증금 반환보증은 집주인이 보증금을 돌려주지 못할 때 보증기관이 세입자에게 대신 보증금을 지급해 주는 제도입니다. 전세 사기나 깡통전세 피해를 예방하는 장치입니다. 최근 전세 사기 사건이 많이 발생하면서 이 보증의 중요성이 커졌습니다. HUG, HF, SGI 등에서 취급합니다. 가입하면 보증료를 내야 하지만, 보증금을 떼일 위험을 줄일 수 있습니다. 특히 고액 전세이거나 집주인의 재정 상태가 불안해 보이면 가입을 고려해 볼 만합니다.

전세자금대출을 받을 때 주의할 점도 있습니다. 대출 한도가 보증금 전액이 아닐 수 있습니다. 보통 보증금의 80% 정도까지만 대출됩니다. 나머지 20%는 자기 자금으로 마련해야 합니다. 보증금이 3억 원이면 대출은 2억 4천만 원, 나머지 6천만 원은 자기 돈으로 내야 합니다. 신용도에 따라 금리가 달라질 수 있습니다. 신용등급이 낮으면 금리가 높아지거나 대출이 어려울 수 있습니다. 대출 기간 동안 주소지를 옮기면 안 됩니다. 전입신고를 유지해야 대항력이 유지되고, 대출의 담보가 유효해지기 때문입니다. 이사를 가야 한다면 대출을 먼저 상환해야 합니다.

결국 전세자금대출은 목돈이 부족해도 전세로 살 수 있게 해 주는 유용한 제도입니다. 특히 사회 초년생이나 신혼부부처럼 목돈을 모으기 어려운 분들에게 큰 도움이 됩니다. 하지만 대출인 만큼 갚아야 할 의무가 따릅니다. 매달 이자를 내야 하고, 계약이 끝나면 원금도 상환해야 합니다. 보증이 있어서 상대적으로 안전하지만, 그 안전은 내가 빌린 돈을 제대로 갚을 때 유지됩니다. 전세자금대출의 구조와 보증의 역할을 이해하고, 본인의 상황에 맞게 활용하는 것이 현명합니다. 전세라는 독특한 제도를 잘 활용하되, 대출의 기본 원리는 잊지 말아야 합니다. 빌린 돈은 반드시 갚아야 한다는 것, 그 기본을 기억하시기 바랍니다.

05

경매와 공매, 부실채권이 부동산이 되는 과정

뉴스에서 '경매로 시세보다 싸게 아파트를 샀다'는 이야기를 들어 본 적이 있을 것입니다. 부동산 경매는 일반 매매보다 저렴하게 부동산을 취득할 수 있는 방법으로 알려져 있습니다. 하지만 경매가 정확히 무엇인지, 왜 부동산이 경매에 나오게 되는지, 그리고 공매와는 어떻게 다른지 제대로 아는 분은 많지 않습니다. 경매와 공매의 세계, 그 복잡하지만 알아 두면 유용한 지식을 함께 살펴봅시다.

경매란 채권자가 채무자의 재산을 법원을 통해 강제로 환가하여 채권을 회수하는 절차입니다. 쉽게 말해, 빚을 갚지 못하는 사람의 부동산을 법원이 팔아서 채권자에게 돈을 나눠 주는 것입니다. 예를 들어 봅시다. 김 씨가 은행에서 3억 원을 빌리면서 자기 집을 담보로 잡혔습니다. 그런데 사업이 어려워져서 대출금을 갚지 못하게 되었습니다. 은행은 담보로 잡은 집을 처분해서 대출금을 회수하고 싶습니다.

이때 은행이 법원에 경매를 신청하면, 법원은 그 집을 경매에 부쳐 팔게 됩니다. 낙찰된 금액에서 은행이 빌려준 돈을 회수하고, 남은 금액이 있으면 김 씨에게 돌려줍니다.

경매에는 크게 두 가지 종류가 있습니다. 임의경매와 강제경매입니다. 임의경매는 저당권이나 근저당권 같은 담보권에 기초한 경매입니다. 앞서 예로 든 은행 담보대출 사례가 여기에 해당합니다. 담보권자가 담보권을 실행하여 경매를 신청하는 것입니다. 강제경매는 담보권 없이 판결 등 집행권원에 기초한 경매입니다. 예를 들어, 박 씨가 이 씨에게 1억 원을 빌려줬는데 갚지 않아서 소송을 해서 이겼습니다. 그런데도 이 씨가 돈을 주지 않으면, 박 씨는 이 씨 소유의 부동산에 강제경매를 신청할 수 있습니다.

경매 절차는 어떻게 진행될까요? 먼저 채권자가 법원에 경매 신청서를 제출합니다. 법원이 이를 받아들이면 경매개시결정을 내리고, 해당 부동산의 등기부에 경매개시결정 등기가 됩니다. 그다음 법원은 감정인을 선정하여 부동산의 가치를 평가하게 합니다. 이것을 '감정평가'라고 합니다. 감정가격을 기준으로 최저매각가격이 정해집니다. 그 후 법원은 매각기일을 정하고 공고합니다. 입찰에 참여하고 싶은 사람은 정해진 날에 법원에 가서 입찰서를 제출합니다. 가장 높은 가격을 적어 낸 사람이 최고가매수인이 됩니다.

최고가매수인으로 결정되면 바로 부동산을 가져가는 것이 아닙니다. 법원의 매각허가결정을 받아야 합니다. 매각허가결정이 확정되면 정해진 기한 내에 잔금을 납부해야 합니다. 잔금을 납부하면 법원이 직권으로 소유권 이전등기를 해 줍니다. 일반 매매와 달리 경매에서는 법원이 등기를 촉탁하므로 별도로 등기 신청을 할 필요가 없습니다. 다만 취득세는 낙찰자가 직접 신고하고 납부해야 합니다.

경매의 가장 큰 매력은 시세보다 저렴하게 부동산을 취득할 수 있다는 점입니다. 경매에 나온 부동산은 보통 감정가의 80% 정도에서 매각이 시작되고, 유찰되면 20%씩 가격이 내려갑니다. 인기 없는 물건은 감정가의 절반 이하로 떨어지기도 합니다. 하지만 저렴한 데는 이유가 있습니다. 경매 부동산에는 여러 가지 위험이 숨어 있을 수 있습니다. 가장 흔한 문제는 점유자입니다. 부동산을 낙찰받았는데 그 안에 사람이 살고 있다면 어떻게 될까요? 임차인이 대항력을 갖추고 있다면 보증금을 주고 내보내야 합니다. 불법 점유자라면 명도소송을 해야 할 수도 있습니다.

또 다른 위험은 '인수되는 권리'입니다. 경매로 부동산을 취득하면 기존의 모든 권리가 소멸하는 것이 아닙니다. 경매개시결정 등기 전에 설정된 선순위 권리 중 일부는 낙찰자가 인수해야 합니다. 예를 들어, 유치권이 있는 부동산을 낙찰받으면 유치권자에게 그 비용을 지급해야 부동산을 인도받을 수 있습니다. 법정지상권이 있으면 땅만 사고 건물주에게 지료를 받아야 하는 상황이 생길 수 있습니다. 이런 권리 관계를 '권리분석'이라고 하는데, 경매의 성패는 이 권리분석에 달려 있다고 해도 과언이 아닙니다.

공매는 경매와 비슷하지만 다릅니다. 공매는 국세나 지방세를 체납한 사람의 재산을 국가나 지방자치단체가 압류하여 파는 절차입니다.

경매가 법원을 통해 진행되는 것과 달리, 공매는 한국자산관리공사(캠코)가 '온비드'라는 전자입찰시스템을 통해 진행합니다. 절차가 간소하고 온라인으로 입찰할 수 있어서 편리합니다. 공매에서는 국유재산이나 공공기관의 자산도 매각되므로 다양한 물건을 만날 수 있습니다.

경매나 공매에 참여하려면 충분한 준비가 필요합니다. 먼저 물건 정보를 꼼꼼히 확인해야 합니다. 법원 경매는 대법원 경매정보 사이트에서, 공매는 온비드 사이트에서 물건 정보를 확인할 수 있습니다. 등기부등본, 건축물대장, 감정평가서, 현황조사보고서 등을 꼼꼼히 살펴야 합니다. 직접 현장에 가서 부동산의 상태와 점유 현황을 확인하는 것도 중요합니다. 처음 시작하는 분이라면 경매 경험이 풍부한 전문가의 도움을 받는 것이 좋습니다.

경매와 공매는 부실채권이 부동산으로 바뀌는 과정입니다. 빚을 갚지 못한 채무자의 부동산이 매각되어 새 주인을 찾게 됩니다. 누군가에게는 아픔이지만, 다른 누군가에게는 기회가 될 수 있습니다. 하지만 그 기회에는 위험도 따릅니다. 싸게 살 수 있는 만큼 꼼꼼히 따져봐야 합니다. 권리분석을 철저히 하고, 점유 관계를 파악하며, 예상치 못한 비용까지 계산해야 합니다. 준비 없이 뛰어들었다가 시세보다 비싸게 산 셈이 될 수도 있습니다. 경매와 공매, 잘 알고 접근하면 좋은 투자 기회가 될 수 있지만, 모르면 위험한 도박이 될 수 있습니다.

06

부동산 신탁의 종류와 활용

아파트 분양 광고를 보면 '시행사', '시공사'와 함께 '신탁사'라는 이름이 등장합니다. 신탁사가 무슨 역할을 하는 것일까요? 또 가끔 등기부 등본을 보면 소유자가 개인이 아니라 신탁회사로 되어 있는 경우가 있습니다. 내 부동산을 신탁회사 이름으로 등기한다니, 이상하게 느껴질 수 있습니다. 부동산 신탁이란 무엇이고, 왜 이런 제도를 이용하는 것일까요? 복잡해 보이지만 알고 보면 유용한 부동산 신탁의 세계를 살펴봅시다.

신탁이란 자신의 재산을 신뢰할 수 있는 사람이나 기관에 맡겨서 일정한 목적에 따라 관리하거나 처분하게 하는 제도입니다. 재산을 맡기는 사람을 '위탁자', 재산을 맡아서 관리하는 사람을 '수탁자', 그리고 신탁의 이익을 받는 사람을 '수익자'라고 합니다. 부동산 신탁은 이 신탁의 대상이 부동산인 경우입니다. 부동산 소유자가 자신의 부동산을 신탁회사에 맡기면, 등기부상 소유자는 신탁회사로 바뀝니다. 하지만 실질적인 권리는 여전히 원래 소유자나 지정된 수익자에게 있습니다.

왜 굳이 이런 복잡한 방법을 사용할까요? 여러 가지 이유가 있습니다. 우선 부동산의 안전한 관리와 보전을 위해서입니다. 개인이 부동산을 직접 관리하다 보면 여러 위험에 노출됩니다. 채권자의 압류, 사기, 분쟁 등이 발생할 수 있습니다. 신탁을 설정하면 부동산의 법적 소유권이 신탁회사로 넘어가므로, 위탁자의 다른 채권자가 그 부동산을 함부로 압류하기 어렵습니다. 신탁된 재산은 위탁자의 고유재산과 분리되어 보호받기 때문입니다.

부동산 신탁에는 여러 종류가 있습니다. 가장 기본적인 것이 '관리신탁'입니다. 부동산의 관리와 보전을 목적으로 하는 신탁입니다. 소유자가 해외에 거주하거나 고령이어서 직접 부동산을 관리하기 어려운 경우에 활용합니다. 신탁회사가 임대차 관리, 시설 유지보수, 세금 납부 등을 대신해 줍니다. 소유자는 번거로운 관리 업무에서 벗어나면서도 부동산에서 나오는 수익은 그대로 받을 수 있습니다.

'처분신탁'은 부동산의 매각을 목적으로 하는 신탁입니다. 소유자가 부동산을 팔고 싶지만 직접 매수자를 찾거나 거래를 진행하기 어려운 경우에 이용합니다. 신탁회사가 매수자를 찾고, 계약을 체결하며, 대금을 수령하여 소유자에게 전달해 줍니다. 복잡한 매매 절차를 전문가에게 맡길 수 있어서 편리합니다. 여러 명이 공동으로 소유한 부동산을 매각할 때도 처분신탁이 유용합니다. 공유자들 사이의 복잡한 협의 과정을 신탁회사가 중재해 줄 수 있기 때문입니다.

'담보신탁'은 부동산을 담보로 자금을 조달할 때 활용하는 신탁입니다. 전통적인 담보대출에서는 채무자가 부동산에 근저당권을 설정해 줍니다. 담보신탁에서는 부동산 자체를 신탁회사에 넘기고, 신탁회사가 채권자를 위해 담보를 관리합니다. 채무자가 돈을 갚지 못하면 신탁회사가 부동산을 처분하여 채권자에게 배분합니다. 경매 절차를 거치지 않고 신속하게 채권을 회수할 수 있어서 채권자에게 유리합니다. 그래서 대출 조건이 더 좋아지는 경우도 있습니다.

부동산 개발 사업에서 가장 많이 쓰이는 것이 '토지신탁'입니다. 토지 소유자가 땅을 신탁회사에 맡기면, 신탁회사가 그 땅 위에 건물을 짓는 사업을 진행합니다. 소유자는 땅만 제공하고, 자금 조달, 인허가, 시공, 분양 등 복잡한 개발 업무는 신탁회사가 맡습니다. 사업이 끝나면 분양 수익에서 비용을 제하고 남은 이익을 소유자에게 돌려줍니다. 전문 지식이나 자금이 부족한 토지 소유자도 개발 사업의 이익을 누릴 수 있게 해 주는 제도입니다.

아파트 분양 현장에서 볼 수 있는 '분양관리신탁'도 중요합니다. 아파트를 분양받은 사람들은 계약금, 중도금을 납부합니다. 그런데 분양받은 아파트가 완공되기도 전에 시행사가 부도나면 어떻게 될까요? 납부한 돈을 돌려받기 어려워집니다. 분양관리신탁은 이런 위험을 줄여 줍니다. 시행사가 토지를 신탁회사에 맡기고, 분양대금도 신탁회사가 관리합니다. 시행사가 문제가 생겨도 신탁회사가 사업을 이어 가거나 분양대금을 반환해 줄 수 있습니다. 분양받는 사람 입장에서 안전장치가 되는 것입니다.

　신탁을 설정하면 등기부등본에 어떻게 표시될까요? 부동산의 소유자가 신탁회사로 바뀝니다. 갑구에 '신탁'을 원인으로 한 소유권 이전 등기가 되고, 신탁원부가 등기부에 첨부됩니다. 신탁원부에는 위탁자가 누구인지, 수익자가 누구인지, 신탁의 목적과 조건이 무엇인지 기재되어 있습니다. 등기부만 보면 신탁회사가 소유자처럼 보이지만, 신탁원부를 확인하면 실질적인 권리관계를 알 수 있습니다. 신탁 부동산을 거래할 때는 반드시 신탁원부를 확인해야 합니다.

　신탁 부동산을 매수할 때 주의할 점이 있습니다. 신탁회사가 부동산을 처분하려면 신탁계약에서 정한 조건을 충족해야 합니다. 신탁계약상 수익자의 동의가 필요한 경우도 있고, 처분 가격에 제한이 있는 경우도 있습니다. 이런 조건을 확인하지 않고 계약했다가 나중에 문제가 생길 수 있습니다. 또한 신탁이 종료되면 부동산이 수익자에게 돌아가는데, 이 과정에서 세금 문제가 발생할 수 있습니다. 신탁 부동산 거래는 일반 거래보다 검토할 사항이 많으므로 전문가의 조언을 받는 것이 좋습니다.

　부동산 신탁은 복잡해 보이지만 잘 활용하면 유용한 제도입니다. 재산을 안전하게 관리하고 싶을 때, 부동산 개발 사업에 참여하고 싶을 때, 채권자를 위한 담보를 제공할 때 등 다양한 상황에서 활용됩니다. 특히 고령화 시대에 부동산 관리 신탁의 중요성이 커지고 있습니다. 판단력이 흐려지기 전에 신탁을 설정해 두면, 신탁회사가 본인을 대신해서 부동산을 관리해 줍니다. 내 재산을 믿을 수 있는 곳에 맡겨 두는

것, 그것이 부동산 신탁의 본질입니다. 신탁의 구조를 이해하고 필요
에 맞게 활용한다면 부동산 관리의 좋은 도구가 될 수 있습니다.

07
부동산 펀드와 리츠(REITs)의 기초

부동산 투자라고 하면 흔히 아파트나 상가를 직접 사서 임대료를 받 거나 시세 차익을 노리는 것을 떠올립니다. 하지만 부동산은 금액이 크기 때문에 일반인이 쉽게 투자하기 어렵습니다. 서울의 웬만한 아파 트는 수억 원에서 수십억 원에 달합니다. 그렇다면 적은 돈으로도 부 동산에 투자할 수 있는 방법은 없을까요? 여러 사람의 돈을 모아서 큰 부동산에 함께 투자하는 방법이 있습니다. 바로 부동산 펀드와 리츠입 니다.

부동산 펀드란 여러 투자자로부터 자금을 모아 부동산이나 부동산 관련 자산에 투자하고, 그 수익을 투자자에게 배분하는 집합투자기구 입니다. 주식형 펀드가 여러 주식에 투자하듯이, 부동산 펀드는 오피 스빌딩, 쇼핑몰, 물류센터, 호텔 같은 부동산에 투자합니다. 투자자는 펀드의 지분을 사는 것이므로, 부동산을 직접 소유하지는 않습니다.

하지만 펀드가 보유한 부동산에서 나오는 임대수익이나 매각차익을 배당받을 수 있습니다. 적은 금액으로도 대형 빌딩의 주인이 된 것 같은 효과를 누릴 수 있는 것입니다.

리츠(REITs)는 'Real Estate Investment Trusts'의 약자로, 우리말로는 '부동산투자회사'라고 합니다. 부동산 펀드와 비슷하지만 법적 형태가 다릅니다. 부동산 펀드는 신탁 형태인 반면, 리츠는 회사 형태입니다. 리츠는 부동산에 투자하여 수익을 올리는 것을 목적으로 하는 주식회사입니다. 투자자는 리츠의 주식을 삽니다. 리츠가 보유한 부동산에서 임대료가 들어오면, 리츠는 이를 주주에게 배당합니다. 쉽게 말해, 부동산을 가진 회사의 주식을 사서 그 회사의 부동산 수익을 나눠 받는 것입니다.

리츠의 가장 큰 특징은 수익의 대부분을 배당해야 한다는 것입니다. 우리나라 법에서는 리츠가 배당가능이익의 90% 이상을 배당하면 법인세를 감면해 줍니다. 그래서 대부분의 리츠는 이익의 대부분을 주주에게 배당합니다. 일반 회사는 이익을 회사에 쌓아 두거나 재투자할 수 있지만, 리츠는 투자자에게 꾸준히 현금을 돌려줍니다. 정기적인 배당 수익을 원하는 투자자에게 매력적인 이유입니다.

리츠는 상장 여부에 따라 상장리츠와 비상장리츠로 나뉩니다. 상장리츠는 거래소에 상장되어 주식처럼 자유롭게 사고팔 수 있습니다. 증권사 앱에서 주식을 거래하듯이 리츠 주식을 매매할 수 있습니다. 환금성이 좋아서 급하게 돈이 필요하면 언제든 팔 수 있습니다. 반면 비상장리츠는 거래소에서 거래되지 않으므로 환금성이 떨어집니다. 대신 공모 과정에서 투자자를 모집하고, 정해진 기간 동안 운용한 후 청산하는 구조입니다.

부동산 펀드와 리츠에 투자하면 어떤 장점이 있을까요? 우선 소액으로 부동산 투자가 가능합니다. 수백억 원짜리 빌딩을 혼자 사는 것은 불가능하지만, 펀드나 리츠를 통하면 몇십만 원으로도 투자할 수 있습니다. 또한 분산투자가 가능합니다. 하나의 펀드나 리츠가 여러 부동산에 투자하고 있다면, 특정 부동산의 위험이 분산됩니다. 전문가가 운용하므로 부동산에 대한 전문 지식이 없어도 투자할 수 있습니다. 직접 부동산을 관리하는 번거로움도 없습니다.

물론 위험도 있습니다. 부동산 시장이 침체되면 펀드나 리츠의 가치도 떨어집니다. 특히 상장리츠는 주식시장의 영향을 받아 실제 부동산 가치와 다르게 주가가 출렁일 수 있습니다. 금리가 오르면 부동산 펀드나 리츠의 매력이 떨어지기도 합니다. 높은 금리의 예금이나 채권이 있으면 굳이 위험을 감수하고 리츠에 투자할 이유가 줄어들기 때문입니다. 또한 운용사의 능력에 따라 수익률이 크게 달라질 수 있습니다. 잘못된 투자 판단으로 손실이 날 수도 있습니다.

부동산 펀드나 리츠에 투자하기 전에 확인할 사항이 있습니다. 먼저 어떤 부동산에 투자하는지 살펴야 합니다. 오피스빌딩에 투자하는지, 물류센터에 투자하는지, 주거시설에 투자하는지에 따라 위험과 수익이 다릅니다. 투자 대상 부동산의 위치, 임차인 구성, 공실률 등을 확인해야 합니다. 우량한 임차인이 장기 계약을 맺고 있다면 안정적인 수익을 기대할 수 있습니다. 운용사의 실적과 신뢰도도 중요합니다.

과거에 어떤 성과를 냈는지, 전문성이 있는지 확인해야 합니다.

배당수익률과 수수료도 꼼꼼히 따져 봐야 합니다. 배당수익률이 높아 보여도 수수료가 많이 나가면 실제 수익은 적을 수 있습니다. 운용보수, 판매보수, 성과보수 등 다양한 수수료가 있으므로 총비용을 계산해 봐야 합니다. 또한 배당이 어디서 나오는지도 확인해야 합니다. 임대수익에서 나오는 배당과 부동산 매각에서 나오는 배당은 성격이 다릅니다. 매각이 없으면 배당이 줄어들 수도 있습니다.

부동산 펀드와 리츠는 간접적으로 부동산에 투자하는 방법입니다. 직접 부동산을 사는 것과는 다른 장단점이 있습니다. 적은 돈으로 대형 부동산에 투자할 수 있고, 전문가에게 운용을 맡길 수 있습니다. 하지만 부동산을 직접 소유하는 것이 아니므로, 내가 원하는 대로 처분하거나 관리할 수 없습니다. 투자 대상을 잘 고르고, 위험을 이해한 후에 투자해야 합니다. 모든 투자가 그렇듯이, 부동산 간접투자도 공부가 필요합니다. 제대로 알고 투자하면 포트폴리오를 다양화하는 좋은 수단이 될 수 있습니다.

프로젝트 파이낸싱(PF), 개발금융의 명과 암

대규모 아파트 단지나 복합상업시설이 들어선다는 뉴스를 보면, 흔히 '수천억 원 규모의 프로젝트 파이낸싱(PF) 대출을 받았다'는 내용이 함께 나옵니다. 반대로 부동산 경기가 좋지 않을 때는 'PF 부실 우려'가 금융시장을 흔든다는 이야기도 들립니다. 프로젝트 파이낸싱이란 무엇이고, 왜 부동산 개발에서 이렇게 중요한 것일까요? 그리고 왜 때로는 금융시장 전체를 위협하는 존재가 되는 것일까요?

프로젝트 파이낸싱이란 특정 사업의 미래 수익을 담보로 자금을 조달하는 금융 기법입니다. 일반적인 기업 대출에서는 회사의 신용도와 담보를 보고 돈을 빌려줍니다. 회사가 망하지 않을 것 같으면 대출해주고, 망하면 담보로 잡은 자산을 처분해서 돈을 회수합니다. 그런데 프로젝트 파이낸싱에서는 '사업 자체'의 수익성을 보고 돈을 빌려줍니다. 이 사업이 성공하면 돈을 갚을 수 있으니까 빌려주는 것입니다.

부동산 개발 사업에 PF가 많이 사용되는 이유가 있습니다. 부동산 개발에는 엄청난 자금이 필요합니다. 땅을 사고, 인허가를 받고, 건물을 짓고, 분양하기까지 수백억 원에서 수천억 원이 들어갑니다. 그런데 시행사, 즉 개발 사업을 추진하는 회사는 대개 규모가 작습니다. 자기 돈만으로 사업을 할 수 없습니다. 은행에서 돈을 빌리려고 해도 담보가 부족합니다. 이때 PF가 해결책이 됩니다. 완공 후 분양대금이나 임대 수익이 들어올 것이므로, 그 미래 수익을 담보로 대출받는 것입니다.

PF 대출의 구조를 살펴봅시다. 시행사가 사업을 기획하면, 보통 별도의 특수목적법인(SPC)을 설립합니다. 이 SPC가 대출을 받아 사업을 진행합니다. 왜 굳이 별도 회사를 만들까요? 위험을 분리하기 위해서입니다. 사업이 실패해도 SPC만 망하고, 시행사 본체는 살아남을 수 있습니다. 금융기관은 SPC에 대출을 해 주고, 해당 사업에서 나오는 수익금으로 원리금을 상환받습니다. 사업이 성공하면 모두가 돈을 벌고, 실패하면 금융기관이 손실을 봅니다.

하지만 금융기관도 위험을 그냥 떠안지 않습니다. 다양한 '신용보강' 장치를 요구합니다. 가장 흔한 것이 시공사의 책임준공 약정입니다. 건설회사가 '이 건물을 반드시 완공하겠다'고 약속하는 것입니다. 공사가 중단되면 시공사가 책임지고 완공해야 합니다. 담보신탁, 분양대금의 에스크로 관리 등 여러 안전장치가 동원됩니다.

PF 대출은 단계별로 진행됩니다. 사업 초기에는 '브릿지론'이라고 하는 단기 대출을 받습니다. 땅을 매입하고 인허가를 받는 단계입니다. 이 단계에서는 위험이 높으므로 금리도 높습니다. 인허가가 나고 사업이 본격화되면 본 PF 대출로 전환합니다. 분양이 시작되어 분양대금이 들어오면, 그 돈으로 대출을 상환해 나갑니다. 건물이 완공되고 입주가 끝나면 잔금을 받아 남은 대출을 모두 갚습니다.

PF가 부동산 개발의 활력소라면, 왜 위기의 원인이 되기도 할까요? PF의 핵심은 '미래 수익에 대한 기대'입니다. 아파트가 잘 팔릴 것이라고 믿고 돈을 빌려줍니다. 그런데 부동산 시장이 침체되어 분양이 안 되면 어떻게 될까요? 시행사는 분양대금을 받지 못해 대출을 갚을 수 없습니다. 시공사가 책임준공을 해도 팔리지 않는 건물만 남습니다. 신용보강을 선 시공사나 보증인도 부담을 떠안게 됩니다. 연쇄적으로 부실이 퍼집니다.

2008년 글로벌 금융위기 당시 우리나라 건설업계가 큰 타격을 입은 것도 PF 부실 때문이었습니다. 부동산 경기가 좋을 때 너도나도 개발 사업에 뛰어들었습니다. 금융기관들도 앞다퉈 PF 대출을 해 줬습니다. 그러다 경기가 꺾이자 분양이 안 되고, 대출이 부실화되었습니다. 시공사들이 책임준공 부담을 지다가 무너졌습니다. 저축은행들이 PF 대출 부실로 연쇄 파산했습니다. 최근에도 부동산 시장 침체기마다 PF 부실 우려가 불거지곤 합니다.

그렇다면 PF 자체가 나쁜 것일까요? 그렇지 않습니다. PF는 대규모 개발 사업을 가능하게 하는 중요한 금융 기법입니다. 문제는 과도한 레버리지와 안이한 사업 검토입니다. 부동산 경기가 좋을 때 '분양만 하면 무조건 성공'이라는 생각으로 위험한 사업에까지 자금이 흘러갔습니다. 금융기관도 적절한 심사 없이 대출을 남발했습니다. 시장이 과열되면 모두가 낙관적이 되고, 위험을 과소평가합니다. 그 대가는 시장이 꺾일 때 한꺼번에 찾아옵니다.

일반인이 PF를 직접 접할 일은 많지 않습니다. 하지만 간접적으로 영향을 받을 수 있습니다. 아파트를 분양받았는데 시행사가 PF 상환에 실패하여 공사가 중단될 수 있습니다. PF 부실이 금융시장을 흔들면 주가가 하락하고 경기가 위축됩니다. 때로는 PF 대출에 투자하는 금융상품을 권유받을 수도 있습니다. 높은 수익률을 내세우지만, 그만큼 위험도 큽니다. 사업이 실패하면 원금을 잃을 수 있습니다.

프로젝트 파이낸싱은 부동산 개발 금융의 양면을 보여 줍니다. 밝은 면에서는 대규모 개발을 가능하게 하여 도시를 발전시키고 경제를 활성화합니다. 어두운 면에서는 과도한 레버리지와 무분별한 개발로 금융 위기의 씨앗이 됩니다. 결국 중요한 것은 절제와 균형입니다. 사업의 타당성을 냉정하게 평가하고, 위험을 적절히 관리하며, 시장 상황을 면밀히 살펴야 합니다. 미래의 기대만 믿고 무리하게 빚을 지는 것은 개인이든 기업이든 위험합니다. PF의 명과 암은 그 교훈을 다시 한번 일깨워 줍니다.

제5장

부동산 세금

— 사고, 보유하고, 팔 때 따라오는 것

01
부동산과 세금, 피할 수 없다면 알아야 한다

부동산을 가지고 있으면 세금이 따라옵니다. 집을 살 때도, 가지고 있을 때도, 팔 때도 세금을 내야 합니다. 많은 분들이 부동산 세금을 복잡하고 어렵다고 느끼는데, 그 복잡함 때문에 오히려 더 알아야 합니다. 모르면 손해를 보고, 알면 합법적으로 절세할 수 있습니다. 죽음과 세금은 피할 수 없다는 서양 격언이 있습니다. 특히 부동산에서는 이 말이 더욱 실감 납니다.

우리나라의 부동산 세금 체계는 크게 세 단계로 나뉩니다. 취득 단계, 보유 단계, 처분 단계입니다. 부동산을 살 때는 취득세를 냅니다. 가지고 있는 동안에는 재산세와 종합부동산세를 냅니다. 팔 때는 양도소득세를 냅니다. 이 외에도 부동산을 물려줄 때는 증여세나 상속세가 부과됩니다. 각 단계마다 적용되는 세금이 다르고, 세율도 다릅니다. 이 구조를 이해하는 것이 부동산 세금 공부의 첫걸음입니다.

세금의 기본 원리를 먼저 살펴봅시다. 세금은 과세표준에 세율을 곱해서 계산합니다. 과세표준이란 세금을 매기는 기준이 되는 금액입니다. 부동산 세금에서 과세표준은 대개 부동산의 가격입니다. 다만 어떤 가격을 기준으로 삼느냐가 세금마다 다릅니다. 취득세는 실제 거래가격을 기준으로 합니다. 재산세는 공시가격을 기준으로 합니다. 양도소득세는 양도가액에서 취득가액을 뺀 양도차익을 기준으로 합니다. 같은 부동산이라도 기준이 달라지면 세금 계산 방식이 완전히 달라집니다.

세율도 세금마다 다릅니다. 어떤 세금은 단일세율을 적용합니다. 모든 경우에 같은 비율로 세금을 매기는 것입니다. 어떤 세금은 누진세율을 적용합니다. 금액이 커질수록 더 높은 세율이 적용되는 방식입니다. 양도소득세가 대표적인 누진세입니다. 양도차익이 클수록 더 높은 세율로 세금을 내야 합니다. 여기에 다주택자에 대한 중과세율까지 더해지면 세금 부담이 급격히 늘어납니다. 세율 구조를 이해해야 자신의 세금을 예측할 수 있습니다.

부동산 세금에서 빠지지 않고 등장하는 개념이 '공시가격'입니다. 공시가격이란 정부가 매년 공식적으로 발표하는 부동산 가격입니다. 토지는 표준지공시지가와 개별공시지가로, 주택은 표준주택가격과 개별주택가격, 공동주택가격으로 나뉩니다. 아파트 같은 공동주택은 매년 공동주택가격이 발표됩니다. 이 공시가격이 재산세와 종합부동산세의 과세표준이 됩니다. 공시가격이 오르면 보유세 부담도 늘어납니다. 최근 몇 년간 공시가격이 크게 올라 세금 부담이 커졌다는 뉴스가 자주 나온 것도 이 때문입니다.

세금을 줄이는 방법은 크게 두 가지입니다. 하나는 비과세나 감면 혜택을 받는 것입니다. 법에서 정한 요건을 갖추면 세금을 내지 않거나 깎아 주는 제도가 있습니다. 1세대 1주택 양도소득세 비과세가 대표적입니다. 다른 하나는 과세표준이나 세율을 낮추는 구조를 만드는 것입니다. 합법적인 절세 전략입니다. 둘 다 세법을 정확히 알아야 가능한 일입니다. 모르면 받을 수 있는 혜택도 못 받고, 피할 수 있는 세금도 냅니다.

반면 세금을 내야 하는데 내지 않거나 줄여서 내면 가산세와 과태료를 물게 됩니다. 세금 신고 자체를 하지 않으면 무신고가산세가 붙습니다. 세금을 적게 신고하면 과소신고가산세가 붙습니다. 납부 기한을 넘기면 납부지연가산세가 매일같이 쌓입니다. 이자처럼 불어나는 이 가산세가 생각보다 무섭습니다. 게다가 세무조사라도 받게 되면 심리적 부담은 물론이고, 추징세액에 가산세까지 더해져 큰 금액을 한꺼번에 내야 할 수 있습니다.

부동산 세금이 어려운 이유 중 하나는 법이 자주 바뀌기 때문입니다. 정부 정책에 따라 세율이 오르내리고, 중과세 대상이 바뀌고, 비과세 요건이 강화되거나 완화됩니다. 특히 부동산 시장이 과열되면 세금을 강화해서 투기를 억제하려 하고, 시장이 침체되면 세금을 완화해서 거래를 촉진하려 합니다. 정치적 상황에 따라서도 정책 방향이 달라집니다. 그래서 부동산 세금은 한 번 배웠다고 끝이 아닙니다. 계속 관심을 가지고 변화를 살펴야 합니다.

세금 문제로 고민될 때 전문가의 도움을 받는 것도 좋은 방법입니다. 세무사는 세금 신고와 절세 전략을 상담해 줍니다. 양도소득세처럼 복잡한 세금은 직접 계산하기 어려우므로 전문가에게 맡기는 것이 안전합니다. 비용이 들더라도 실수로 내는 가산세보다는 훨씬 저렴합니다. 다만 기본적인 세금 구조를 본인이 알고 있어야 전문가와 대화도 수월하고, 엉뚱한 조언에 휘둘리지 않습니다.

이 장에서는 부동산과 관련된 주요 세금들을 하나씩 살펴볼 것입니다. 취득세, 재산세, 종합부동산세, 양도소득세, 증여세와 상속세까지. 각 세금이 언제 부과되는지, 어떻게 계산되는지, 어떤 혜택이 있는지 알아봅니다. 모든 세금을 전문가 수준으로 꿰뚫을 필요는 없습니다. 하지만 큰 그림을 이해하고, 내가 해당하는 상황에서 어떤 세금이 얼마나 나올지 대략 가늠할 수 있다면 훨씬 현명한 부동산 결정을 내릴 수 있습니다. 세금을 알면 부동산이 보입니다.

02

취득세, 부동산을 살 때 내는 첫 번째 세금

부동산을 사면 가장 먼저 만나는 세금이 취득세입니다. 집을 사든, 땅을 사든, 상가를 사든 예외 없이 취득세를 내야 합니다. 등기를 하기 전에 먼저 취득세를 납부해야 하므로, 취득세 납부확인서가 없으면 내 이름으로 등기를 할 수 없습니다. 부동산 취득의 관문이라고 할 수 있습니다. 금액도 적지 않아서, 몇 억 원짜리 집을 사면 수백만 원에서 수천만 원의 취득세를 내야 합니다.

취득세는 부동산을 취득하는 행위 자체에 부과되는 세금입니다. 여기서 '취득'이란 소유권을 얻는 것을 말합니다. 매매로 집을 사는 것이 가장 흔한 경우이지만, 그 외에도 취득의 형태는 다양합니다. 상속이나 증여로 부동산을 물려받는 것도 취득입니다. 교환으로 부동산을 얻는 것도 취득입니다. 심지어 건물을 새로 짓는 것도 원시취득으로서 취득세 과세 대상입니다. 형태가 다르면 세율도 조금씩 달라집니다.

취득세의 과세표준은 원칙적으로 실제 거래가격입니다. 부동산을 사면서 실제로 지불한 금액을 기준으로 세금을 계산합니다. 만약 신고한 거래가격이 시가표준액보다 낮으면, 시가표준액을 기준으로 세금을 매깁니다. 시가표준액은 지방자치단체가 정하는 기준 가격입니다. 무상취득의 경우, 즉 상속이나 증여로 받은 부동산은 시가표준액이 과세표준이 됩니다. 거래가격이 없으니 기준 가격을 적용하는 것입니다.

주택을 매매로 취득할 때 세율은 얼마일까요? 기본적으로 주택 가격에 따라 다릅니다. 6억 원 이하 주택은 1%입니다. 6억 원 초과 9억 원 이하는 가격에 따라 1%에서 3% 사이입니다. 9억 원 초과 주택은 3%입니다. 여기에 지방교육세와 농어촌특별세가 추가로 붙습니다. 지방교육세는 취득세의 10%입니다. 농어촌특별세는 전용면적 85제곱미터 초과 주택에 부과됩니다. 이것들을 다 합하면 실제 부담하는 세율은 조금 더 높아집니다.

그런데 주택 수에 따라 세율이 크게 달라지는 경우가 있습니다. 이른바 '다주택자 중과세'입니다. 조정대상지역에서 2주택을 취득하면 8%의 세율이 적용됩니다. 3주택 이상이면 12%입니다. 기본 세율의 몇 배에 달하는 높은 세율입니다. 예를 들어 조정대상지역에서 10억 원짜리 집을 3주택째로 사면 1억 2천만 원의 취득세를 내야 합니다. 이 정도 되면 취득세 자체가 매수 결정의 중요한 변수가 됩니다.

토지나 건물, 상가를 취득할 때는 세율 체계가 조금 다릅니다. 농지는 3%, 농지 외의 토지는 4%입니다. 주택 외 건물도 4%입니다. 상가나 오피스텔, 공장 같은 비주거용 부동산에 해당합니다. 다만 오피스

텔이 주거용으로 사용되면 주택 세율이 적용될 수 있습니다. 이처럼 같은 취득세라도 취득하는 부동산의 종류에 따라 세율이 천차만별입니다. 부동산을 사기 전에 해당 물건에 어떤 세율이 적용되는지 확인하는 것이 중요합니다.

취득세에도 감면 제도가 있습니다. 생애 첫 주택을 구입하는 경우가 대표적입니다. 일정 요건을 갖춘 생애최초 주택 구입자는 취득세를 감면받을 수 있습니다. 감면 한도와 요건은 시기에 따라 달라지므로 구입 시점에 확인해야 합니다. 신혼부부 취득세 감면도 있습니다. 농어촌 주택이나 장기임대주택에 대한 감면 제도도 존재합니다. 이런 혜택들은 요건이 까다롭고 신청 절차도 있으므로 미리 알아보고 준비해야 합니다.

취득세는 부동산을 취득한 날로부터 60일 이내에 신고·납부해야 합니다. 상속의 경우에는 상속개시일이 속하는 달의 말일부터 6개월 이내입니다. 기한을 넘기면 신고불성실가산세와 납부불성실가산세가 붙습니다. 요즘은 대부분 등기 대행을 맡은 법무사가 취득세 신고와 납부를 함께 처리해 줍니다. 하지만 본인이 직접 하는 경우도 있으므로 기한을 꼭 기억해 두어야 합니다.

취득세 납부는 관할 시·군·구청에 합니다. 온라인으로도 가능합니다. 위택스(Wetax)라는 지방세 인터넷 납부 시스템에서 취득세를 신고하고 납부할 수 있습니다. 신용카드 납부도 됩니다. 납부를 마치면 취득세 납부확인서를 받게 되는데, 이 서류가 있어야 등기소에서 소유권 이전등기를 할 수 있습니다. 잔금일에 법무사가 이 모든 절차를 동시에 진행하는 것이 일반적입니다.

취득세를 계산할 때 주의할 점이 있습니다. 과세표준에 포함되는 금액의 범위입니다. 매매계약서에 적힌 금액 외에 취득과 관련된 비용도 과세표준에 포함될 수 있습니다. 예를 들어 건물을 신축하면서 설계비, 인허가 비용 등을 지출했다면 이런 비용도 취득가격에 포함됩니다. 또한 취득 후에 부동산 가격을 사후적으로 증액 조정하면 그 차액에 대해서도 취득세를 추가로 납부해야 합니다.

결국 취득세는 부동산 구입 비용의 일부입니다. 부동산 가격만 보고 매수를 결정하면 안 됩니다. 취득세와 등기 비용, 중개수수료까지 포함해서 총 취득 비용을 계산해야 합니다. 특히 다주택자라면 중과세율이 적용되어 취득세 부담이 급격히 늘어납니다. 투자 수익률을 계산할 때도 이 비용을 빠뜨리면 안 됩니다. 취득세는 부동산 취득의 첫 관문이자, 앞으로 부담할 세금들의 시작점입니다. 첫 단추를 잘 꿰어야 합니다.

03

재산세와 종합부동산세, 보유의 대가

부동산을 가지고 있으면 해마다 세금을 냅니다. 이것이 보유세입니다. 보유세의 대표적인 것이 재산세와 종합부동산세입니다. 재산세는 모든 부동산 소유자에게 부과되고, 종합부동산세는 일정 금액 이상의 부동산을 가진 사람에게 추가로 부과됩니다. 부동산을 갖고만 있어도 돈이 나간다는 뜻입니다. 보유세 부담이 크면 부동산을 계속 갖고 있을지 고민하게 되고, 이것이 부동산 시장에 큰 영향을 미칩니다.

먼저 재산세를 살펴봅시다. 재산세는 지방세입니다. 부동산이 소재한 지방자치단체에 내는 세금입니다. 매년 6월 1일 현재 부동산을 소유한 사람에게 과세됩니다. 이 날을 과세기준일이라고 합니다. 5월 31일에 집을 팔았다면 그해 재산세는 매수인이 내고, 6월 2일에 팔았다면 매도인이 냅니다. 단 하루 차이로 세금 부담 주체가 바뀌는 것입니다. 부동산 거래 시점을 정할 때 이 점을 고려하기도 합니다.

"

재산세의 과세표준은 공시가격에 공정시장가액비율을 곱한 금액입니다. 공시가격은 앞서 설명한 대로 정부가 공식 발표하는 부동산 가격입니다. 공정시장가액비율은 공시가격의 일정 비율만 과세표준으로 삼겠다는 뜻입니다. 주택의 경우 60%입니다. 예를 들어 공시가격이 5억 원이면 과세표준은 3억 원이 됩니다. 이 비율이 높아지면 세금 부담이 늘어납니다. 정부 정책에 따라 이 비율이 조정되기도 합니다.

재산세 세율은 과세표준 구간에 따라 누진됩니다. 주택의 경우 6천만 원 이하는 0.1%, 6천만 원 초과 1억 5천만 원 이하는 0.15%, 1억 5천만 원 초과 3억 원 이하는 0.25%, 3억 원 초과는 0.4%입니다. 과세표준이 높을수록 더 높은 세율이 적용됩니다. 여기에 지방교육세와 지역자원시설세가 추가됩니다. 재산세의 20%가 지방교육세로 붙고, 일정액의 지역자원시설세도 부과됩니다.

재산세는 주택의 경우 7월과 9월 두 번에 나누어 납부합니다. 7월에 1기분, 9월에 2기분을 냅니다. 납세고지서가 집으로 날아오는데, 요즘은 전자고지 서비스도 많이 이용합니다. 납부는 은행이나 인터넷 지방세 납부 시스템인 위택스를 통해 할 수 있습니다. 기한 내에 내지 않으면 가산금이 붙으므로 고지서를 받으면 바로 처리하는 것이 좋습니다.

종합부동산세는 국세입니다. 재산세가 지방자치단체에 내는 세금이라면, 종합부동산세는 국가에 내는 세금입니다. 모든 부동산 소유자가 내는 것이 아니라, 일정 금액 이상의 부동산을 보유한 사람에게만 부과됩니다. 주택의 경우 공시가격 합계가 9억 원을 초과하면 종합부동산세 납세 의무가 생깁니다. 1세대 1주택자는 12억 원까지 공제됨니다. 이 기준 금액 이하라면 종합부동산세를 낼 필요가 없습니다.

종합부동산세의 과세표준은 공시가격 합계에서 공제금액을 뺀 후 공정시장가액비율을 곱한 금액입니다. 복잡해 보이지만 원리는 같습니다. 기준 금액을 초과하는 부분에 대해서만 세금을 매기는 것입니다. 세율은 과세표준 구간에 따라 누진 적용됩니다. 주택 3억 원 이하는 0.5%, 6억 원 이하는 0.7%, 12억 원 이하는 1.0%이고, 계속 올라가서 94억 원 초과는 2.7%입니다. 아주 많은 부동산을 가진 사람에게는 상당히 높은 세율이 적용됩니다.

다주택자에게는 더 높은 세율이 적용됩니다. 조정대상지역에 2주택 이상을 보유하거나, 전국에 3주택 이상을 보유하면 중과세율이 적용됩니다. 기본 세율에 일정 세율이 가산되는 구조입니다. 예를 들어 기본 세율이 1.0%인 구간에서 중과 대상자는 그 이상의 세율을 적용받을 수 있습니다. 이런 중과세 제도는 다주택 보유를 억제하려는 정책 목적에서 나온 것입니다.

종합부동산세는 12월에 납부합니다. 국세청에서 납세고지서를 보내 줍니다. 세액이 250만 원을 초과하면 분납할 수 있습니다. 납부기한 내에 50%만 내고 나머지는 6개월 이내에 낼 수 있습니다. 또한 종합부동산세의 일부는 농어촌특별세로 추가 부과됩니다. 농어촌특별세는 종합부동산세액의 20%입니다. 이것까지 합하면 실제 부담은 더 늘어납니다.

재산세와 종합부동산세 사이에는 이중과세 조정 장치가 있습니다. 이미 재산세로 납부한 금액 중 일부를 종합부동산세에서 공제해 주는 것입니다. 같은 부동산에 대해 재산세도 내고 종합부동산세도 내면 이중과세가 될 수 있기 때문입니다. 공제액을 계산하는 방식이 좀 복잡한데, 대략적으로 재산세 상당액을 빼 준다고 이해하면 됩니다. 그래서 종합부동산세 고지서에는 공제된 재산세액이 표시됩니다.

보유세 부담을 줄이는 방법은 제한적입니다. 공시가격에 이의가 있으면 이의신청을 할 수 있습니다. 매년 공시가격이 공개되면 30일 이내에 이의신청을 해야 합니다. 종합부동산세의 경우 고령자나 장기보유자에게 세액공제 혜택이 있습니다. 1세대 1주택 고령자는 연령에 따라 20%에서 40%까지 공제받고, 장기보유자는 보유 기간에 따라 20%에서 50%까지 공제받습니다. 둘 다 해당하면 합산 공제도 가능합니다.

결국 보유세는 부동산을 갖고 있는 한 매년 내야 하는 세금입니다. 부동산 가격이 오르면 공시가격도 오르고, 보유세 부담도 늘어납니다. 부동산을 살 때 취득세만 생각하고 보유세를 간과하면 나중에 당황할 수 있습니다. 특히 종합부동산세 과세 대상이 되면 부담이 급격히 커집니다. 부동산을 여러 채 갖는 것이 무조건 좋은 것만은 아닌 이유가 여기에 있습니다. 보유 비용까지 따져 봐야 현명한 부동산 결정입니다.

04
양도소득세의 기본 구조

부동산을 팔 때 내는 세금이 양도소득세입니다. 많은 분들이 가장 걱정하는 세금이기도 합니다. 부동산을 오래 보유하다가 팔면 가격이 올라 차익이 생기는데, 이 차익에 대해 세금을 내야 합니다. 양도차익이 클수록 세금도 커집니다. 수천만 원, 많게는 수억 원의 양도소득세를 내야 하는 경우도 있습니다. 양도소득세 계산 구조를 알아야 세금을 예측하고 대비할 수 있습니다.

양도소득세의 기본 구조를 이해하려면 몇 가지 개념을 알아야 합니다. 먼저 '양도'란 무엇일까요? 양도란 부동산의 소유권을 다른 사람에게 넘기는 것을 말합니다. 매매가 가장 흔한 형태이지만, 교환이나 현물출자도 양도에 해당합니다. 증여는 양도가 아니라 무상이전이므로 양도소득세가 아니라 증여세가 부과됩니다. 상속도 마찬가지입니다. 양도소득세는 유상으로 소유권을 넘길 때 부과되는 세금입니다.

양도소득세의 과세표준은 양도차익에서 각종 공제를 뺀 금액입니다. 양도차익은 양도가액에서 취득가액과 필요경비를 뺀 것입니다. 양도가액은 부동산을 판 가격입니다. 취득가액은 부동산을 살 때 든 비용입니다. 필요경비는 취득과 양도에 들어간 부대비용입니다. 취득세, 중개수수료, 법무사 비용, 자본적 지출액 같은 것들입니다. 이런 비용들을 빼야 실제로 번 돈, 즉 순수익이 계산됩니다.

양도차익에서 '장기보유특별공제'를 빼면 양도소득금액이 됩니다. 장기보유특별공제란 오래 보유할수록 세금을 깎아 주는 제도입니다. 보유 기간에 따라 양도차익의 일정 비율을 공제해 줍니다. 토지나 건물은 3년 이상 보유하면 연 2%씩, 최대 30%까지 공제됩니다. 1세대 1주택의 경우에는 더 높은 공제율이 적용됩니다. 보유 기간과 거주 기간에 따라 최대 80%까지 공제받을 수 있습니다. 오래 살수록 세금이 줄어드는 것입니다.

양도소득금액에서 기본공제를 빼면 과세표준이 됩니다. 기본공제는 연간 250만 원입니다. 1년에 부동산을 여러 번 팔더라도 기본공제는 한 번만 적용됩니다. 이렇게 계산된 과세표준에 세율을 곱하면 산출세액이 나옵니다. 정리하면 이렇습니다. 양도가액에서 취득가액과 필요경비를 빼서 양도차익을 구하고, 장기보유특별공제를 빼서 양도소득금액을 구하고, 기본공제를 빼서 과세표준을 구하고, 여기에 세율을 곱하는 것입니다.

양도소득세의 세율은 누진세율입니다. 과세표준이 높을수록 더 높은 세율이 적용됩니다. 보유 기간에 따라서도 세율이 달라집니다. 1년 미만 보유하고 팔면 70%의 세율이 적용됩니다. 1년 이상 2년 미만이면 60%입니다. 이것을 '단기 양도 중과세'라고 합니다. 부동산 투기를 막기 위한 제도입니다. 2년 이상 보유해야 일반 누진세율이 적용됩니다. 짧은 기간에 사고팔아 시세차익을 노리면 세금으로 대부분 토해내야 하는 구조입니다.

다주택자에 대한 중과세도 있습니다. 조정대상지역에서 2주택 이상을 보유하면 기본세율에 20%포인트가 가산됩니다. 3주택 이상이면 30%포인트가 가산됩니다. 기본세율 최고 구간이 45%인데 여기에 30%포인트가 더해지면 75%입니다. 지방소득세까지 합하면 80%가 넘습니다. 양도차익의 대부분을 세금으로 내야 한다는 뜻입니다. 다주택자 중과세는 정책에 따라 한시적으로 유예되거나 완화되기도 합니다.

양도소득세는 예정신고와 확정신고 두 단계로 납부합니다. 부동산을 양도한 날이 속하는 달의 말일부터 2개월 이내에 예정신고를 해야 합니다. 예를 들어 7월 15일에 잔금을 받고 소유권을 넘겼다면 9월 30일까지 예정신고를 해야 합니다. 다음 해 5월에는 종합소득세와 함께 확정신고를 합니다. 예정신고 때 세금을 이미 냈다면 확정신고 때 정산하게 됩니다. 신고 기한을 넘기면 가산세가 붙습니다.

양도소득세 계산이 복잡한 이유 중 하나는 취득가액 산정입니다. 오래전에 산 부동산이라 취득 당시 계약서가 없는 경우가 있습니다. 이 경우 매매사례가액이나 환산가액으로 취득가액을 추정해야 합니다. 필요경비를 증빙하는 것도 중요합니다. 영수증이나 세금계산서 등 증빙 서류가 없으면 비용으로 인정받기 어렵습니다. 부동산을 취득할 때부터 관련 서류를 잘 보관해 두어야 나중에 세금을 줄일 수 있습니다.

양도소득세는 부동산 투자 수익률에 직접적인 영향을 미칩니다. 세금을 빼고 나면 실제 손에 쥐는 수익은 기대보다 적을 수 있습니다. 부동산을 팔기 전에 양도소득세가 얼마나 나올지 미리 계산해 보는 것이 현명합니다. 국세청 홈택스에는 양도소득세 모의계산 서비스가 있습니다. 정확한 계산은 세무사에게 맡기더라도 대략적인 규모는 본인이 파악하고 있어야 합니다. 양도소득세는 부동산을 팔 때 반드시 넘어야 할 산입니다.

05
1세대 1주택 비과세, 조건과 함정

집을 팔 때 가장 먼저 떠오르는 것이 양도소득세입니다. 수천만 원에서 수억 원까지 세금이 나올 수 있다는 이야기를 들으면 걱정이 앞섭니다. 하지만 다행히도 우리 세법은 '1세대 1주택 비과세'라는 제도를 두고 있습니다. 말 그대로 한 가구가 한 채의 주택만 보유하고 있다가 팔면 양도소득세를 내지 않아도 된다는 것입니다. 실수요자를 보호하고 주거 안정을 도모하기 위한 정책입니다. 내가 살 집 한 채를 팔아서 이익이 생겼다고 세금을 물리면 다른 집으로 이사하기 어려워지니까요.

1세대 1주택 비과세의 기본 요건은 크게 세 가지입니다. 첫째, 1세대가 국내에 1주택만 보유해야 합니다. 둘째, 그 주택을 2년 이상 보유해야 합니다. 셋째, 양도 당시 주택의 실거래가액이 12억 원을 초과하지 않아야 합니다. 이 세 가지를 모두 충족하면 양도소득세가 전액 면제됩니다. 12억 원을 초과하는 고가주택의 경우에는 초과분에 대해서만 과세됩니다. 언뜻 간단해 보이지만, 각각의 요건에는 복잡한 세부 규정들이 숨어 있습니다.

먼저 '1세대'가 무엇인지 알아야 합니다. 세법에서 1세대란 거주자와 그 배우자, 그리고 같은 주소에서 생계를 함께하는 가족을 말합니다. 여기서 중요한 것은 배우자입니다. 부부는 무조건 같은 세대로 봅니다. 주소가 달라도, 따로 살아도 부부는 한 세대입니다. 그래서 남편 명의로 집 한 채, 아내 명의로 집 한 채가 있다면 이 부부는 2주택자가 됩니다. 각자 1주택씩이라고 주장해도 소용없습니다. 다만, 법적으로 이혼한 경우에는 별개의 세대로 인정됩니다.

배우자 외의 가족 구성원은 상황에 따라 같은 세대일 수도 있고 다른 세대일 수도 있습니다. 만 30세 이상이거나, 혼인한 경우, 또는 일정 수준 이상의 소득이 있어서 독립적으로 생계를 유지하는 경우에는 별도 세대로 인정됩니다. 하지만 대학생 자녀가 부모 집에서 함께 사는 경우에는 같은 세대입니다. 가족 관계와 경제적 독립 여부에 따라 세대 구분이 달라지는 것입니다.

'1주택'의 판단도 생각보다 복잡합니다. 주택의 범위가 넓기 때문입니다. 아파트, 단독주택, 연립주택 같은 일반적인 주거용 건물은 물론이고, 오피스텔 중에서 주거용으로 사용하는 것도 주택에 포함됩니다. 다가구주택은 원칙적으로 1주택으로 봅니다. 하지만 다세대주택은 호수별로 별개의 주택으로 취급합니다. 분양권이나 입주권도 주택 수에 포함되는 경우가 있습니다. 조합원 입주권은 관리처분계획 인가일부터 주택으로 봅니다. 이처럼 세법에서 말하는 주택의 범위가 상식과 다를 수 있으니 주의해야 합니다.

2년 보유 요건에도 함정이 있습니다. 단순히 등기부에 2년간 소유자로 기재되어 있으면 되는 것이 아닙니다. 조정대상지역에서 취득한 주택의 경우에는 2년 이상 보유하면서 동시에 2년 이상 거주해야 합니다. 보유만 하고 다른 곳에서 살았다면 비과세 혜택을 받을 수 없습니다. 조정대상지역은 정부가 부동산 시장 과열을 억제하기 위해 지정하는 지역으로, 서울과 수도권 주요 지역이 해당됩니다. 다만, 조정대상지역 지정 전에 취득한 주택이라면 거주 요건 없이 2년 보유만으로 비과세가 가능합니다.

일시적 2주택 상황도 자주 발생합니다. 이사를 위해 새 집을 먼저 사고 기존 집을 파는 경우입니다. 이런 상황에서도 비과세가 가능합니다. 새 주택을 취득한 날(종전 주택 취득 후 1년 경과)부터 3년 이내에 종전 주택을 양도하면 됩니다. 계획이 있다면 이런 규정을 미리 확인하고 일정을 조율해야 합니다.

상속이나 혼인으로 2주택이 된 경우에도 특례가 있습니다. 부모님으로부터 주택을 상속받아 일시적으로 2주택이 된 경우, 상속받은 주택은 주택 수에서 제외하고 기존 주택을 팔 때 비과세를 적용받을 수 있습니다. 결혼으로 각자 1주택씩 보유하던 사람들이 합쳐서 2주택이 된 경우에도 일정 기간 내에 하나를 처분하면 비과세 혜택을 받습니다. 이런 특례 규정들은 실수요자들의 불가피한 상황을 배려한 것입니다. 하지만 적용 요건과 기한이 복잡하니 해당되는 경우 세무 전문가와 상담하는 것이 좋습니다.

비과세를 받더라도 신고는 해야 할까요? 원칙적으로 비과세 양도소득은 신고 의무가 없습니다. 하지만 12억 원 초과 고가주택을 양도하는 경우에는 초과분에 대해 과세되므로 반드시 신고해야 합니다. 또한, 비과세 요건을 갖추었다고 생각했는데 나중에 세무서에서 요건 미충족으로 판단하면 가산세까지 부담해야 합니다. 요건 충족 여부가 애매하다면 일단 신고하면서 비과세를 주장하는 것이 안전할 수 있습니다. 신고 기한은 양도일이 속하는 달의 말일부터 2개월 이내입니다.

1세대 1주택 비과세는 실수요자에게 주어지는 소중한 혜택입니다. 하지만 그 요건은 결코 단순하지 않습니다. 세대의 구성, 주택의 범위, 보유 기간과 거주 기간, 조정대상지역 해당 여부, 일시적 2주택 특례 등 확인해야 할 사항이 많습니다. 특히 부동산 정책에 따라 관련 규정이 자주 바뀌기도 합니다. 집을 팔기 전에 충분히 검토하지 않으면 예상치 못한 세금 폭탄을 맞을 수 있습니다. 비과세라는 달콤한 혜택 뒤에 숨은 함정들을 잘 살펴서 소중한 재산을 지키시기 바랍니다.

06

증여세와 상속세, 부동산을 물려줄 때

부모님이 자녀에게 집을 물려주는 것은 자연스러운 일입니다. 평생 일궈 온 재산을 사랑하는 가족에게 남기고 싶은 마음은 누구나 같습니다. 하지만 부동산을 물려줄 때는 세금 문제를 피해 갈 수 없습니다. 살아 있을 때 주면 증여세, 돌아가신 후에 물려받으면 상속세가 부과됩니다. 둘 다 무상으로 재산을 이전받는 것에 대한 세금이지만, 그 구조와 부담이 다릅니다. 어떤 방식이 유리한지는 상황에 따라 달라지므로 기본 원리를 이해하는 것이 중요합니다.

증여세는 타인으로부터 재산을 무상으로 받을 때 내는 세금입니다. 증여받는 사람, 즉 수증자가 납세의무자입니다. 증여세율은 과세표준 구간에 따라 10%에서 50%까지 누진적으로 적용됩니다. 1억 원 이하는 10%, 1억 원 초과 5억 원 이하는 20%, 5억 원 초과 10억 원 이하는 30%, 10억 원 초과 30억 원 이하는 40%, 30억 원을 초과하면 50%입니다. 고가의 부동산을 증여받으면 상당한 세금을 내야 한다는 뜻입니다.

다행히 증여세에는 공제 제도가 있습니다. 배우자로부터 증여받는 경우 6억 원까지, 직계존속(부모, 조부모)으로부터 받는 경우 성년이면 5천만 원, 미성년이면 2천만 원까지 공제됩니다. 이 공제 한도는 10년간 합산하여 적용됩니다. 10년 전에 부모님으로부터 3천만 원을 증여받았다면, 지금 추가로 받을 때 공제 한도에서 그만큼 차감됩니다. 따라서 미리 계획적으로 증여하면 세금을 줄일 수 있습니다.

부동산을 증여할 때는 평가 방법이 중요합니다. 증여세는 증여 당시의 시가로 계산하는 것이 원칙입니다. 시가란 불특정 다수인 사이에 자유롭게 거래되는 가격을 말합니다. 아파트처럼 거래가 활발한 경우에는 유사 매매 사례가액을 시가로 봅니다. 하지만 단독주택이나 토지처럼 거래 사례가 드문 경우에는 시가를 알기 어렵습니다. 이런 경우에는 기준시가나 감정평가액을 활용합니다. 어떤 가액을 적용하느냐에 따라 세금이 크게 달라질 수 있으니 신중하게 판단해야 합니다.

상속세는 사망으로 인해 재산이 이전될 때 부과됩니다. 피상속인, 즉 돌아가신 분의 전체 재산을 기준으로 세금을 계산합니다. 상속세율은 증여세율과 동일하게 10%에서 50%까지입니다. 하지만 상속세에는 더 큰 공제가 적용됩니다. 기초공제 2억 원에 더해, 배우자가 있으면 배우자 공제로 최소 5억 원에서 최대 30억 원까지 공제받을 수 있습니다. 일괄공제 5억 원을 선택할 수도 있습니다. 이런 공제들로 인해 상당한 규모의 재산도 상속세 부담 없이 물려줄 수 있는 경우가 많습니다.

그렇다면 증여와 상속 중 어떤 것이 유리할까요? 일반적으로 상속세의 공제가 더 크기 때문에 상속이 유리한 경우가 많습니다. 하지만 상황에 따라 다릅니다. 재산이 앞으로 크게 늘어날 것으로 예상된다면 미리 증여하는 것이 나을 수 있습니다. 증여 시점의 낮은 가액으로 세금을 내고, 이후 가치 상승분은 세금 없이 받는 효과가 있기 때문입니다. 또한, 증여 후 10년이 지나면 그 재산은 상속재산에 합산되지 않으므로, 미리 증여해 두면 상속세 부담을 줄일 수 있습니다.

증여로 부동산을 받으면 나중에 팔 때 양도소득세도 고려해야 합니다. 증여받은 재산의 취득가액은 증여 당시의 시가입니다. 만약 부모님이 1억 원에 산 집을 10억 원일 때 증여받고, 나중에 15억 원에 팔면 양도차익은 5억 원입니다. 하지만 상속받았다면 취득가액은 상속 당시 시가인 10억 원이므로 양도차익이 같습니다. 여기서 차이가 나는 것은 이월과세 제도입니다. 증여받은 부동산을 일정 기간 이내에 양도하면 증여자의 취득가액을 기준으로 양도소득세를 계산하는 경우가 있습니다. 복잡한 계산이 필요한 부분입니다.

부담부 증여라는 방법도 있습니다. 부동산에 설정된 채무를 함께 넘기는 증여입니다. 예를 들어, 시가 10억 원짜리 집에 4억 원의 대출이 있다면, 집과 대출을 함께 증여하는 것입니다. 이 경우 증여재산 가액은 10억 원에서 4억 원을 뺀 6억 원이 됩니다. 증여세 부담이 줄어드는 효과가 있습니다. 하지만 인수한 채무 부분(4억 원)에 대해서는 증여자에게 양도소득세가 과세될 수 있습니다. 증여세와 양도소득세를 함께 고려하여 유불리를 따져 봐야 합니다.

신고와 납부에 대해서도 알아 두어야 합니다. 증여세는 증여받은 날이 속하는 달의 말일부터 3개월 이내에 신고하고 납부해야 합니다. 상속세는 상속 개시일(사망일)이 속하는 달의 말일부터 6개월 이내입니다. 기한 내에 신고하면 세액의 일정 비율을 공제해 주는 신고세액공제 혜택이 있습니다. 기한을 넘기면 가산세가 부과되니 주의해야 합니다. 세금이 많아서 한꺼번에 내기 어려우면 분할 납부나 연부연납 제도를 이용할 수 있습니다. 부동산으로 대신 납부하는 물납 제도도 있습니다.

부동산을 물려주는 것은 단순한 소유권 이전이 아닙니다. 증여세, 상속세, 취득세, 나중의 양도소득세까지 여러 세금이 연결되어 있습니다. 섣불리 결정했다가 예상보다 훨씬 큰 세금을 내야 하는 경우도 있습니다. 그렇다고 세금이 무서워 아무것도 하지 않으면 더 큰 부담으로 돌아올 수도 있습니다. 중요한 것은 미리 계획하고 전문가의 도움을 받는 것입니다. 가족에게 재산을 물려주려는 따뜻한 마음이 세금 문제로 얼룩지지 않도록, 충분한 준비가 필요합니다.

07
세무조사와 가산세, 실수를 피하는 법

세금 문제에서 가장 무서운 것은 세무조사입니다. 세무조사라는 말만 들어도 가슴이 철렁합니다. 내가 뭔가 잘못한 게 있나 걱정이 앞서기도 합니다. 부동산 거래는 금액이 크기 때문에 세무당국의 관심 대상이 되기 쉽습니다. 특히 양도소득세, 증여세, 상속세 신고에서 문제가 발생하면 세무조사로 이어질 수 있습니다. 세무조사를 받게 되면 추가 세금에 가산세까지 부담해야 할 수 있습니다. 어떻게 하면 이런 불상사를 피할 수 있을까요?

먼저 세무조사가 어떻게 시작되는지 알아봅시다. 세무서는 납세자가 제출한 신고 내용을 검토합니다. 신고 내용에 오류가 있거나, 시가와 신고가액이 크게 다르거나, 자금 출처가 불분명하면 조사 대상이 될 수 있습니다. 특히 부동산 거래에서는 저가 양수도가 문제가 됩니다. 시세보다 현저히 낮은 가격으로 거래했다면 그 차액이 증여로 추정될 수 있습니다. 부모 자식 간의 거래, 특수관계자 간의 거래에서 이런 의심을 받기 쉽습니다.

자금 출처 조사도 자주 있습니다. 젊은 나이에 고가의 부동산을 취득하거나, 소득에 비해 큰 금액의 부동산을 샀다면 그 돈이 어디서 났는지 소명해야 합니다. 소명하지 못하면 누군가로부터 증여받은 것으로 추정하여 증여세가 부과됩니다. 부모님에게 빌린 돈이라고 해도 실제로 갚은 사실을 입증하지 못하면 증여로 볼 수 있습니다. 가족 간의 금전 거래도 차용증을 작성하고, 이자를 지급하며, 갚아 나간 내역을 남겨 두어야 합니다.

가산세는 세금을 제대로 신고하지 않았을 때 본래 세금에 더해지는 추가 부담입니다. 가산세의 종류는 여러 가지입니다. 신고를 아예 하지 않으면 무신고가산세가 붙습니다. 일반적인 경우 납부해야 할 세액의 20%, 부정한 행위로 탈세한 경우 40%입니다. 신고는 했지만 세액을 적게 신고했다면 과소신고가산세가 붙습니다. 일반 과소신고는 10%, 부정 과소신고는 40%입니다. 세금을 기한 내에 내지 않으면 납부불성실가산세가 하루하루 쌓입니다.

가산세의 부담은 생각보다 큽니다. 예를 들어, 1억 원의 양도소득세를 신고하지 않았다고 합시다. 무신고가산세로 2천만 원이 추가됩니다. 여기에 납부가 지연된 기간에 따라 납부불성실가산세까지 더해집니다. 원래 내야 할 1억 원이 1억 3천만 원, 1억 5천만 원으로 불어날 수 있습니다. 고의적인 탈세로 판정되면 부정가산세율이 적용되어 부담이 더 커집니다. 심한 경우 조세범처벌법에 따라 형사처벌을 받을 수도 있습니다.

실수를 피하는 첫 번째 방법은 정확한 신고입니다. 양도소득세는 양도일이 속하는 달의 말일부터 2개월 이내, 증여세는 3개월 이내, 상속세는 6개월 이내에 신고해야 합니다. 이 기한을 놓치면 무조건 가산세가 붙습니다. 달력에 표시해 두거나 알람을 설정해서 신고 기한을 잊지 않도록 해야 합니다. 신고 내용도 정확해야 합니다. 취득가액, 양도가액, 필요경비 등을 제대로 계산하고, 관련 서류를 빠짐없이 갖춰야 합니다.

증빙 서류를 잘 보관하는 것도 중요합니다. 부동산을 취득할 때 들인 비용은 나중에 팔 때 양도소득세를 줄여 주는 필요경비가 됩니다. 취득세, 법무사 비용, 중개수수료 등의 영수증을 모아 두어야 합니다. 자본적 지출, 즉 건물의 가치를 높이기 위해 들인 인테리어 비용 같은 것도 증빙이 있어야 경비로 인정받습니다. 이런 서류들은 부동산을 보유하는 기간 내내, 그리고 양도 후 신고가 끝날 때까지 보관해야 합니다.

실수를 했다면 빨리 바로잡는 것이 좋습니다. 신고 기한이 지나기 전이라면 수정신고를 할 수 있습니다. 기한 후에라도 세무서에서 결정 통지를 하기 전에 자진해서 수정신고를 하면 가산세가 감면됩니다. 자진신고 시기에 따라 감면율이 다른데, 빨리 할수록 감면을 많이 받습니다. 세무조사가 시작된 후에야 수정신고를 해도 감면을 받을 수 없으니, 문제를 발견하면 가능한 빨리 조치해야 합니다.

세무조사를 받게 되었다면 어떻게 해야 할까요? 먼저 당황하지 말고 침착하게 대응해야 합니다. 조사관이 요청하는 자료를 성실하게 제출하고, 질문에 정확하게 답변해야 합니다. 모르는 것은 모른다고 하고, 기억나지 않는 것은 확인 후 답변하겠다고 해도 됩니다. 애매하게 답변하거나 거짓말을 하면 오히려 상황이 나빠집니다. 세무조사가 복잡하거나 금액이 크다면 세무사나 변호사의 도움을 받는 것이 좋습니다.

세금 문제는 예방이 최선입니다. 부동산 거래를 할 때 세금 문제를 미리 검토하고, 신고 기한과 방법을 정확히 파악해야 합니다. 거래 내역과 증빙 서류를 꼼꼼히 정리해 두어야 합니다. 복잡한 거래나 큰 금액이 오가는 경우에는 전문가의 조언을 받는 것이 안전합니다. 세금을 아끼려다 더 큰 세금과 가산세를 내는 일이 없도록, 정정당당하고 정확하게 신고하는 것이 결국 가장 현명한 방법입니다. 아는 만큼 실수를 줄일 수 있고, 알아야 내 재산을 지킬 수 있습니다.

부동산 소송

― 분쟁, 그리고 법정에서의 해결

01

부동산 분쟁의 유형과 대응 전략

부동산은 우리 삶에서 가장 큰 재산인 경우가 많습니다. 그만큼 부동산을 둘러싼 갈등도 깊고 치열합니다. 이웃 간의 경계 다툼부터 수십억 원이 오가는 매매 분쟁까지, 부동산 분쟁은 그 종류도 다양하고 규모도 천차만별입니다. 분쟁이 생기면 감정이 격해지기 쉽고, 서로 양보하지 않으려 합니다. 하지만 무작정 싸우기만 해서는 문제가 해결되지 않습니다. 분쟁의 유형을 이해하고, 각 상황에 맞는 대응 전략을 세우는 것이 현명한 접근입니다.

부동산 분쟁은 크게 몇 가지 유형으로 나눌 수 있습니다. 가장 흔한 것이 매매나 임대차 계약과 관련된 분쟁입니다. 계약 내용을 둘러싼 해석의 차이, 계약금 반환 문제, 잔금 지급 거부, 계약 해제 다툼 등이 여기에 해당합니다. 또 다른 유형은 소유권에 관한 분쟁입니다. 진정한 소유자가 누구인지를 다투는 경우입니다. 명의신탁이나 상속, 증여

과정에서 발생하는 분쟁이 많습니다. 등기의 효력을 다투거나 등기 말소를 청구하는 소송이 이 범주에 들어갑니다.

임대차 관련 분쟁도 빈번합니다. 보증금 반환을 둘러싼 다툼이 가장 많고, 임대료 증액이나 감액 문제, 계약 갱신 거절, 원상복구 범위 등을 놓고 분쟁이 발생합니다. 집주인과 세입자 사이의 힘의 불균형 때문에 세입자가 불이익을 당하는 경우도 있고, 반대로 집주인이 악성 임차인 때문에 고통받는 경우도 있습니다. 상가임대차의 경우 권리금 분쟁이 특히 많습니다. 새 임차인을 구해 왔는데 집주인이 정당한 이유 없이 거절하여 권리금을 회수하지 못하는 경우가 대표적입니다.

건물의 물리적 하자를 둘러싼 분쟁도 있습니다. 신축 아파트의 하자 보수 문제, 중고 주택 매매 후 발견된 숨은 하자에 대한 책임 문제가 여기에 해당합니다. 누수, 균열, 단열 불량, 설비 고장 등 다양한 하자가 분쟁의 원인이 됩니다. 건물을 점유하고 있는 사람에게 명도를 청구하는 분쟁, 경계를 침범한 건축물에 대한 철거 청구, 일조권이나 조망권 침해에 대한 손해배상 청구 등도 부동산 분쟁의 주요 유형입니다.

분쟁이 발생했을 때 가장 먼저 해야 할 일은 상황을 객관적으로 파악하는 것입니다. 감정에 휩쓸리지 말고, 어떤 권리가 침해되었는지, 상대방의 주장은 무엇인지, 나의 법적 지위는 어떠한지를 냉정하게 분석해야 합니다. 이를 위해서는 관련 서류를 정리하고 증거를 확보하는 것이 중요합니다. 계약서, 등기부등본, 영수증, 문자 메시지, 이메일, 사진 등 분쟁과 관련된 모든 자료를 모아 두어야 합니다. 시간이 지나면 기억이 흐려지고 증거가 사라질 수 있으므로 빠르게 움직여야 합니다.

　모든 분쟁이 반드시 법정으로 가야 하는 것은 아닙니다. 오히려 소송은 최후의 수단이 되어야 합니다. 소송에는 시간과 비용이 많이 들고, 결과도 불확실합니다. 승소하더라도 집행까지 시간이 걸리고, 상대방이 재산을 빼돌리면 실제로 돈을 받기 어려울 수도 있습니다. 따라서 가능하다면 협상을 통해 원만하게 해결하는 것이 좋습니다. 상대방도 소송의 부담을 알고 있으므로, 적절한 타협점을 찾을 수 있는 경우가 많습니다.

　협상이 어려우면 조정이나 중재를 고려할 수 있습니다. 대한법률구조공단이나 법원의 조정센터, 대한상사중재원 등에서 조정 서비스를 제공합니다. 조정은 제3자가 중간에서 양측의 의견을 조율하여 합의를 이끌어 내는 절차입니다. 소송보다 빠르고 비용도 적게 듭니다. 당사자들이 합의에 이르면 조정조서가 작성되는데, 이것은 확정판결과 같은 효력이 있어서 강제집행도 가능합니다. 조정이 성립하지 않으면 그때 소송을 진행해도 늦지 않습니다.

　소송을 결심했다면 전략을 세워야 합니다. 어떤 소송을 제기할 것인지, 청구 금액은 얼마로 할 것인지, 어떤 증거로 입증할 것인지를 신중하게 검토해야 합니다. 소송의 종류에 따라 관할 법원이 다르고, 소송비용도 달라집니다. 청구 금액이 3,000만 원 이하인 민사사건은 소액사건으로 분류되어 절차가 간소화됩니다. 변호사 없이 진행하는 것도 가능하지만, 사안이 복잡하다면 전문가의 도움을 받는 것이 안전합니다.

　분쟁에서 가장 중요한 것은 증거입니다. 아무리 정당한 주장이라도 증거가 없으면 법정에서 인정받기 어렵습니다. 계약서에 서명을 받지 않았거나, 돈을 주고받은 내역이 없거나, 상대방의 약속을 기록해 두지 않았다면 나중에 곤란해질 수 있습니다. '그 사람이 분명히 그렇게 말했다'고 주장해도, 상대방이 부인하면 입증하기 어렵습니다. 녹음, 문자 메시지, 이메일 등 객관적인 증거가 있어야 유리한 위치에 설 수 있습니다.

부동산 분쟁을 예방하는 것이 최선입니다. 계약 전에 등기부등본과 건축물대장을 꼼꼼히 확인하고, 계약서는 빠짐없이 작성해야 합니다. 구두 약속은 반드시 서면으로 남기고, 돈은 계좌이체로 주고받아 기록을 남겨야 합니다. 의심스러운 점이 있으면 전문가에게 자문을 구하고, 무리한 거래는 피해야 합니다. 분쟁이 생기면 시간과 비용, 정신적 스트레스가 큽니다. 처음부터 꼼꼼하게 준비하는 것이 나중의 큰 걱정을 덜어 줍니다.

소유권 확인 소송과 등기 말소 청구

등기부등본에 다른 사람 이름이 적혀 있지만, 실제로는 내가 그 부동산의 주인이라면 어떻게 해야 할까요? 혹은 이미 무효가 된 등기가 여전히 남아 있어서 내 권리를 방해한다면 어떻게 해결할 수 있을까요? 이런 상황에서 활용하는 것이 소유권 확인 소송과 등기 말소 청구입니다. 부동산의 진정한 주인이 누구인지를 법원의 판결로 확정하고, 잘못된 등기를 바로잡는 절차입니다.

소유권 확인 소송은 특정 부동산에 대해 내가 소유권을 가지고 있음을 법원에서 확인받는 소송입니다. 확인 소송은 권리관계가 불분명하여 법적 불안정이 있을 때 이를 해소하기 위해 제기합니다. 예를 들어, 상속 과정에서 상속인들 사이에 부동산 소유권 귀속에 관한 다툼이 있거나, 명의신탁 해지 후 진정한 소유자임을 확인받고자 할 때 이 소송을 활용합니다. 소유권 확인 판결을 받으면 내가 소유자라는 것이 공식적으로 인정됩니다.

다만, 소유권 확인 소송에서 승소해도 그것만으로 등기가 바뀌지는 않습니다. 확인 판결은 권리관계를 확인해 주는 것일 뿐, 등기 명의를 변경시키는 효력은 없습니다. 등기를 내 이름으로 바꾸려면 별도의 절차가 필요합니다. 그래서 실무에서는 소유권 확인 소송보다는 등기 말소 청구나 소유권 이전등기 청구 소송을 더 많이 제기합니다. 이 소송에서 승소하면 판결을 근거로 등기소에서 직접 등기를 바꿀 수 있기 때문입니다.

등기 말소 청구는 효력이 없는 등기를 지워달라고 요구하는 소송입니다. 등기가 원인 없이 이루어졌거나, 등기의 원인이 나중에 소멸한 경우에 말소 청구를 할 수 있습니다. 가장 흔한 사례는 계약이 해제되었거나 취소된 경우입니다. 매매계약에 따라 소유권 이전등기가 되었는데, 나중에 계약이 해제되면 그 등기는 원인이 없어진 것이므로 말소해야 합니다. 사기나 강박에 의한 계약이 취소된 경우도 마찬가지입니다.

명의신탁이 무효인 경우에도 등기 말소 청구가 문제됩니다. 부동산 실명법에 따르면 명의신탁 약정은 무효이고, 그에 따른 등기도 원칙적으로 무효입니다. 다만, 명의신탁 관계에서 실제로 돈을 낸 신탁자가 수탁자 명의의 등기를 말소하고 자기 앞으로 등기를 옮기려면 법적으로 복잡한 문제가 생깁니다. 명의신탁 약정 자체가 무효이므로 등기 이전을 청구할 권리도 인정되기 어렵습니다. 이런 경우 부당이득반환 청구 등 다른 법리를 적용해야 하는데, 쉽지 않은 문제입니다.

등기 말소 청구 소송을 제기하려면 먼저 원고적격과 피고적격을 확인해야 합니다. 원고는 등기의 말소로 인해 권리를 회복하는 사람이어야 합니다. 등기부상 바로 앞 순위의 권리자가 원고가 됩니다. 피고는 현재 등기 명의인입니다. 예를 들어, 갑에서 을로, 을에서 병으로 소유권이 이전등기된 경우, 갑이 을과의 계약이 무효라며 등기 말소를 구하려면 일단 병 명의의 등기를 말소하고, 그다음 을 명의의 등기를 말소해야 갑에게 돌아옵니다. 순차적으로 말소해야 하는 것입니다.

소유권 이전등기 청구 소송은 등기 명의를 내 앞으로 옮겨달라고 요구하는 소송입니다. 매매계약이나 증여계약을 체결하고 대금까지 다 치렀는데 매도인이 등기를 넘겨주지 않을 때 제기합니다. 상속에 의해 소유권을 취득했는데 다른 상속인이 등기를 해 주지 않을 때도 마찬가지입니다. 이 소송에서 승소하면 판결을 가지고 단독으로 등기를 신청할 수 있습니다. 상대방의 협조 없이도 등기를 마칠 수 있는 것입니다.

이런 소송에서 가장 중요한 것은 증거입니다. 내가 진정한 소유자임을 입증해야 합니다. 매매계약서, 대금 지급 내역, 점유 상태, 세금 납부 기록 등이 증거가 됩니다. 상속의 경우에는 제적등본, 가족관계증명서, 상속재산분할협의서 등이 필요합니다. 명의신탁 주장의 경우에는 돈의 출처, 실제 관리 현황, 당사자 간의 약정 내용 등을 입증해야 합니다. 오래된 사건일수록 증거를 확보하기 어려우므로 평소에 관련 서류를 잘 보관하는 것이 중요합니다.

소송 중에 상대방이 부동산을 제3자에게 처분해 버릴 위험이 있습니다. 판결이 나기 전에 부동산을 팔아 버리거나 담보로 제공해 버리면, 승소해도 권리를 실현하기 어려워집니다. 이런 위험을 막기 위해 소송 전이나 소송 중에 처분금지가처분을 신청합니다. 가처분이 등기부에 기재되면 그 이후에 이루어진 처분은 가처분 채권자에게 대항하지 못합니다. 소송에서 승소하면 가처분 이후의 등기들을 말소하고 내 권리를 실현할 수 있습니다.

등기 소송에는 시효의 문제도 있습니다. 소유권에 기한 물권적 청구권은 시효로 소멸하지 않습니다. 소유권은 시효와 관계없이 영구적으로 행사할 수 있는 권리이기 때문입니다. 그러나 채권에 기한 청구권, 예를 들어 매매계약에 따른 등기 청구권은 10년의 소멸시효에 걸립니다. 계약 후 10년이 지나면 청구권이 소멸할 수 있습니다. 따라서 권리가 있다면 너무 오래 방치하지 말고 적절한 시기에 행사해야 합니다.

소유권 확인 소송이나 등기 말소 청구 소송은 복잡한 법률 문제를 수반하는 경우가 많습니다. 등기의 추정력, 선의취득, 취득시효, 명의신탁의 효력 등 전문적인 법리가 얽혀 있습니다. 상대방도 자신의 권리를 주장하며 맞서기 때문에 치열한 공방이 벌어집니다. 판결이 확정되기까지 수년이 걸리기도 합니다. 전문가의 조력 없이 혼자 진행하기는 어려운 소송입니다. 사안이 복잡하다면 변호사와 상담하여 전략을 세우고 체계적으로 대응하는 것이 필요합니다.

건물 인도 청구와 명도 소송

내 건물에 다른 사람이 살고 있다면 어떻게 해야 할까요? 임대차 계약이 끝났는데 세입자가 나가지 않거나, 권한 없이 건물을 점유하고 있는 사람이 있다면 건물을 비워달라고 요구할 수 있습니다. 이것을 법적으로 '인도 청구' 또는 '명도 청구'라고 합니다. 말로 해서 해결되면 좋겠지만, 상대방이 버티면 결국 법원의 힘을 빌려야 합니다. 명도 소송은 부동산 소송 중에서도 가장 흔하고 실생활과 밀접한 소송입니다.

건물 인도 청구는 건물의 점유를 넘겨받는 것을 요구하는 청구입니다. 소유자는 자기 소유의 부동산을 자유롭게 사용·수익·처분할 권리가 있습니다. 다른 사람이 권한 없이 점유하고 있다면 그 점유를 배제하고 자신에게 인도할 것을 청구할 수 있습니다. 이것은 소유권에서 나오는 물권적 청구권입니다. 소유자라면 누구나 이 권리를 행사할 수 있습니다. 점유하고 있는 사람이 정당한 권원, 예를 들어 유효한 임대차 계약이 있다면 인도를 거부할 수 있지만, 그런 권원이 없다면 비워 줘야 합니다.

실무에서 명도 소송이 가장 많이 제기되는 경우는 임대차 종료 후 세입자가 퇴거하지 않는 상황입니다. 임대차 기간이 만료되었거나, 차임 연체로 계약이 해지되었거나, 계약 갱신 거절 사유가 있어서 계약이 종료되었는데 세입자가 나가지 않는 경우입니다. 이때 집주인은 세입자를 상대로 건물 명도 소송을 제기합니다. 소송에서 승소하면 판결을 근거로 강제집행을 할 수 있습니다.

명도 소송을 제기하려면 먼저 임대차 계약이 적법하게 종료되었는지 확인해야 합니다. 기간 만료의 경우, 임대인이 계약 종료 6개월 전부터 2개월 전까지 사이에 갱신 거절 통지를 했는지, 세입자가 계약 갱신 청구권을 행사하지는 않았는지 살펴야 합니다. 주택임대차보호법에 따르면 세입자는 일정한 요건 하에 계약 갱신을 청구할 권리가 있습니다. 이 권리가 행사되면 집주인 마음대로 계약을 끝낼 수 없습니다. 차임 연체로 해지하는 경우에도 2개월 이상의 차임 연체가 있어야 하고, 적법한 해지 통보를 해야 합니다.

명도 소송에서 세입자가 동시이행 항변을 할 수 있습니다. 보증금을 돌려받을 때까지 건물을 비워 주지 않겠다는 주장입니다. 임대차보증금 반환의무와 건물 명도의무는 동시이행 관계에 있기 때문입니다. 이 경우 법원은 '피고는 원고로부터 보증금 ○○원을 지급받음과 동시에 건물을 인도하라'는 판결을 선고합니다. 집주인이 보증금을 공탁하거나 지급해야 비로소 강제집행이 가능해집니다.

무단 점유자에 대한 명도 청구는 좀 더 단순합니다. 정당한 권원 없이 타인의 부동산을 점유하고 있으면 불법점유입니다. 소유자는 불법점유자에게 퇴거를 요구하고, 불응하면 명도 소송을 제기합니다. 불법점유자는 건물을 사용한 기간 동안의 차임 상당 부당이득도 반환해야 합니다. 점유를 개시할 때는 권원이 있었더라도 그 권원이 소멸한 후에는 불법점유가 됩니다. 예를 들어, 매매계약이 해제된 후에도 계속 점유하고 있다면 불법점유입니다.

명도 판결을 받았다고 바로 점유자를 쫓아낼 수 있는 것은 아닙니다. 판결이 확정된 후에 강제집행 절차를 밟아야 합니다. 먼저 법원에서 판결문에 집행문을 부여받고, 집행관에게 강제집행을 신청합니다. 집행관은 점유자에게 퇴거를 최고하고, 기한 내에 나가지 않으면 강제로 퇴거시킵니다. 건물 안의 물건들은 창고에 보관하거나 경매에 부칩니다. 이 과정에서 집행 비용이 발생하는데, 집행 비용은 상대방에게 청구할 수 있습니다.

강제집행 전에 점유이전금지가처분을 해 두는 것이 좋습니다. 소송 중에 점유자가 제3자에게 점유를 넘겨 버리면 문제가 복잡해집니다. 판결의 효력은 원래 피고에게만 미치기 때문입니다. 점유가 이전되면 새로운 점유자를 상대로 다시 소송을 해야 합니다. 점유이전금지가처분을 해 두면 점유가 이전되더라도 판결의 효력이 새 점유자에게도 미칩니다. 악의적인 점유 이전으로 집행이 방해받는 것을 막을 수 있습니다.

명도 소송에서는 점유자가 여러 항변을 할 수 있습니다. 임대차 계약이 아직 유효하다거나, 계약 갱신이 되었다거나, 해지가 부적법하다는 주장을 합니다. 또는 유익비 상환청구권이나 필요비 상환청구권을 주장하며 이를 받을 때까지 건물을 비워 주지 않겠다고 할 수도 있습니다. 유익비란 점유자가 건물의 가치를 증가시키기 위해 지출한 비용이고, 필요비란 건물을 유지·보존하기 위해 지출한 비용입니다. 이런 항변이 인정되면 집주인은 해당 금액을 지급해야 명도를 받을 수 있습니다.

상가건물의 명도에서는 권리금 문제가 특히 중요합니다. 상가건물 임대차보호법에 따르면 임대인은 정당한 사유 없이 임차인의 권리금 회수를 방해해서는 안 됩니다. 임차인이 새 임차인을 주선했는데 정당한 이유 없이 거절하면 권리금 상당의 손해를 배상해야 합니다. 따라서 상가 명도 소송에서는 권리금 회수 기회를 보장했는지도 함께 다투어집니다. 권리금을 둘러싼 분쟁이 명도 소송과 결합되어 복잡해지는 경우가 많습니다.

명도 소송은 시간이 걸립니다. 1심에서만 보통 6개월에서 1년 정도 걸리고, 항소가 제기되면 더 길어집니다. 그 기간 동안 점유자는 계속 건물을 사용합니다. 집주인으로서는 답답할 수 있지만, 법적 절차를 무시하고 강제로 퇴거시키면 오히려 범죄가 됩니다. 주거침입죄나 강요죄가 될 수 있습니다. 또한 전기나 수도를 끊는 것도 불법입니다. 아무리 답답해도 법이 정한 절차를 따라야 합니다. 명도 소송과 강제집행이 유일하게 합법적인 방법입니다.

04
경매 절차의 이해와 대응

경매라는 말을 들으면 어떤 생각이 드시나요? 어떤 사람들은 싸게 부동산을 살 수 있는 기회라고 생각하고, 어떤 사람들은 빚을 갚지 못해 집을 잃는 불행한 상황을 떠올립니다. 경매는 채권자가 채무자의 재산을 강제로 현금화하여 채권을 회수하는 절차입니다. 법원이 주관하는 공적인 절차이므로 '법원경매' 또는 '강제경매'라고도 부릅니다. 부동산 경매의 구조를 이해하면 이해관계인으로서 자신의 권리를 지킬 수 있고, 경매 참여자로서 좋은 기회를 잡을 수도 있습니다.

경매가 시작되려면 먼저 채권자가 경매 신청을 해야 합니다. 돈을 빌려주고 받지 못한 채권자, 담보권을 설정해 둔 채권자가 경매를 신청합니다. 은행이 주택담보대출을 해 주면서 근저당권을 설정했는데, 채무자가 대출금을 갚지 못하면 은행은 경매를 신청합니다. 판결을 받은 채권자도 경매를 신청할 수 있습니다. 법원은 경매 신청을 받으면 해당 부동산에 압류 결정을 하고, 등기부에 경매개시결정 등기가 기재됩니다. 이 순간부터 채무자는 그 부동산을 마음대로 처분할 수 없습니다.

경매 절차는 크게 몇 단계로 진행됩니다. 먼저 법원은 감정인을 선임하여 부동산의 시가를 평가합니다. 이것을 감정평가라고 합니다. 감정가는 경매의 최저매각가격을 정하는 기준이 됩니다. 그다음 법원은 현황조사를 실시합니다. 집행관이 부동산 현장을 방문하여 점유관계, 임차인 현황, 건물 상태 등을 조사합니다. 이 정보는 현황조사보고서로 작성되어 입찰자들에게 제공됩니다. 또한 법원은 배당요구종기를 정하고 공고합니다. 이 기한까지 채권자들은 배당요구를 해야 경매대금에서 배당을 받을 수 있습니다.

매각기일이 지정되면 입찰이 진행됩니다. 누구나 경매에 참여할 수 있습니다. 입찰하려면 최저매각가격의 10%에 해당하는 입찰보증금을 준비해야 합니다. 입찰은 기일입찰 방식으로 진행됩니다. 정해진 날에 법원에서 입찰표를 제출하고, 가장 높은 가격을 적어 낸 사람이 최고가매수인이 됩니다. 유찰되면, 즉 입찰자가 없거나 적정 가격에 미달하면 다시 매각기일을 정합니다. 이때 최저매각가격이 20% 정도 낮아집니다. 이런 과정이 반복되면 처음보다 훨씬 낮은 가격에 낙찰될 수도 있습니다.

최고가매수인이 결정되면 법원은 매각허가 여부를 결정합니다. 절차에 문제가 없으면 매각허가결정을 내립니다. 매수인은 정해진 기한 내에 잔금을 납부해야 합니다. 잔금을 납부하면 법원은 소유권이전등기를 촉탁하고, 매수인 앞으로 등기가 이루어집니다. 기존의 근저당권이나 가압류 등은 말소되고 깨끗한 소유권을 취득합니다. 다만, 말소되지 않는 권리도 있으니 주의해야 합니다. 법정지상권, 유치권, 특정 조건의 임차권 등은 경매로도 소멸하지 않고 매수인에게 인수됩니다.

경매에서 가장 주의해야 할 것이 권리분석입니다. 등기부등본, 현황조사보고서, 매각물건명세서를 꼼꼼히 검토해야 합니다. 어떤 권리가 말소되고 어떤 권리가 인수되는지 파악해야 합니다. 특히 임차인이 있는 경우 대항력 있는 임차인인지, 우선변제권이 있는지, 배당을 받을 수 있는지를 분석해야 합니다. 대항력 있는 임차인이 보증금 전액을 배당받지 못하면 매수인이 인수해야 합니다. 생각지 못한 부담을 떠안을 수 있으므로 반드시 확인해야 합니다.

유치권 문제도 경매에서 빈번하게 다투어집니다. 유치권이란 타인의 물건을 점유한 사람이 그 물건에 관해 생긴 채권을 변제받을 때까지 물건을 유치할 수 있는 권리입니다. 공사대금을 받지 못한 시공사가 건물을 점유하며 유치권을 주장하는 경우가 대표적입니다. 유치권은 등기부에 나타나지 않아서 현장을 방문해야 알 수 있습니다. 진정한 유치권인지, 허위 유치권인지 판단하기 어려운 경우도 많습니다. 유치권이 인정되면 매수인은 유치권자에게 채무를 변제해야 점유를 넘겨받을 수 있어서 큰 부담이 됩니다.

채무자나 소유자의 입장에서 경매는 매우 불리한 상황입니다. 경매로 부동산이 매각되면 시세보다 낮은 가격에 팔리는 경우가 많고, 경매 비용까지 공제된 후에 배당이 이루어집니다. 채무를 모두 갚지 못하면 부족분에 대해 여전히 채무가 남습니다. 가능하다면 경매 전에 채권자와 협상하여 임의매각을 하는 것이 유리할 수 있습니다. 임의매각은 당사자 간의 협의로 부동산을 매각하는 것이므로 경매보다 높은 가격을 받을 수 있고, 절차도 빠릅니다.

경매 절차 중에도 채무자는 대응할 수 있습니다. 경매개시결정에 대해 이의신청을 할 수 있고, 청구채권에 문제가 있으면 청구이의의 소를 제기할 수 있습니다. 매각허가결정에 대해서도 불복할 수 있습니다. 배당표에 이의가 있으면 배당이의를 하고, 배당이의의 소를 제기할 수 있습니다. 다만, 이런 방법들은 일시적으로 경매를 지연시킬 뿐, 정당한 사유가 없으면 결국 경매가 진행됩니다. 시간을 버는 사이에 채무를 변제하거나 다른 해결책을 찾아야 합니다.

임차인의 입장에서도 경매는 중요한 변수입니다. 살고 있는 집이 경매에 넘어가면 임차인은 어떻게 될까요? 대항요건을 갖추고 확정일자를 받은 임차인은 배당요구종기까지 배당요구를 해야 합니다. 보증금을 배당받으면 건물을 인도해야 합니다. 대항력이 있지만 보증금 전액을 배당받지 못했다면 매수인에게 남은 보증금 반환을 청구할 수 있고, 그때까지 점유를 계속할 수 있습니다. 대항력이 없는 임차인은 보호받지 못하고 퇴거해야 할 수도 있습니다.

경매는 복잡한 절차와 다양한 이해관계가 얽힌 영역입니다. 경매로 부동산을 취득하려는 사람은 권리분석을 철저히 해야 하고, 현장 조사도 꼭 해야 합니다. 경매 대상이 된 채무자는 가능한 한 빨리 대응 방안을 강구해야 합니다. 임차인은 자신의 권리를 지키기 위해 적시에 배당요구를 해야 합니다. 경매 절차의 전체 흐름을 이해하고 자신의 위치를 파악하면, 불리한 상황에서도 최선의 결과를 얻을 수 있습니다. 모르면 당하고, 알면 지킬 수 있습니다.

05

임차권 확인 소송과 보증금 반환 소송

세입자로 살다 보면 뜻하지 않게 분쟁에 휘말리기도 합니다. 집주인이 보증금을 돌려주지 않거나, 내가 세입자라는 사실 자체를 부정하는 경우도 있습니다. 이럴 때 세입자는 어떻게 자신의 권리를 지킬 수 있을까요? 법원에 소송을 제기하는 것이 최후의 수단이지만, 때로는 불가피한 선택이기도 합니다. 임차권 확인 소송과 보증금 반환 소송, 세입자가 알아 두어야 할 법적 구제 수단을 살펴봅니다.

먼저 임차권 확인 소송이란 무엇인지 알아봅시다. 이것은 말 그대로 내가 이 부동산에 대한 임차권을 가지고 있다는 사실을 법원에서 확인받는 소송입니다. 언뜻 보면 이상할 수도 있습니다. 임대차계약서가 있고, 전입신고도 했는데 왜 별도로 확인을 받아야 할까요? 대부분의 경우에는 그럴 필요가 없습니다. 하지만 상대방이 임차권의 존재 자체를 다투는 경우에는 법원의 판단이 필요해집니다.

어떤 상황에서 임차권 확인 소송이 필요할까요? 가장 흔한 경우는 부동산이 경매에 넘어갔을 때입니다. 경매 절차에서 세입자의 임차권이 인정되느냐에 따라 보증금을 돌려받을 수 있는지가 결정됩니다. 그런데 경매 법원이나 매수인이 임차권의 존재를 인정하지 않는 경우가 있습니다. 대항력을 갖추지 못했다고 주장하거나, 임대차가 허위라고 의심하는 것입니다. 이럴 때 세입자는 임차권 확인 소송을 통해 자신의 권리를 증명해야 합니다.

부동산 소유자가 바뀌었을 때도 문제가 생길 수 있습니다. 집주인이 집을 팔았는데, 새 집주인이 기존 임대차를 인정하지 않는 경우입니다. 대항력이 있는 임차인은 새 집주인에게도 임차권을 주장할 수 있지만, 새 집주인이 이를 부정하면 다툼이 생깁니다. 특히 전입신고 시점이나 확정일자 취득 시점을 둘러싼 분쟁이 많습니다. 하루 차이로 대항력의 유무가 갈리기 때문에, 그 날짜를 정확히 입증하는 것이 중요합니다.

임차권 확인 소송에서는 무엇을 증명해야 할까요? 핵심은 적법한 임대차계약이 존재한다는 것과 대항요건을 갖추었다는 것입니다. 임대차계약서, 보증금 지급 증거, 전입세대열람원, 확정일자 부여 내역 등이 중요한 증거가 됩니다. 실제로 그 집에 거주했다는 사실도 입증해야 합니다. 우편물 수령 내역, 공과금 납부 기록, 이웃의 증언 등이 증거로 활용될 수 있습니다. 가장 확실한 것은 문서로 남기는 것이므로, 처음부터 서류를 잘 정리해 두는 습관이 중요합니다.

이제 보증금 반환 소송을 살펴봅시다. 이것이 세입자가 제기하는 소송 중 가장 흔한 유형입니다. 임대차가 끝났는데 집주인이 보증금을 돌려주지 않을 때 제기합니다. 집주인 입장에서는 여러 이유를 댑니다. 다음 세입자가 들어와야 돌려줄 수 있다거나, 밀린 월세가 있다거나, 원상복구 비용을 공제해야 한다거나 하는 식입니다. 일부는 정당한 주장이기도 하지만, 때로는 핑계에 불과한 경우도 있습니다.

보증금 반환 소송을 제기하려면 우선 임대차가 종료되어야 합니다. 계약 기간이 만료되었거나, 합의해지가 이루어졌거나, 해지통고 후 일정 기간이 지나야 합니다. 또한 임차인이 부동산을 명도해야 합니다. 아직 집에 살고 있으면서 보증금만 달라고 할 수는 없습니다. 동시이행의 관계에 있기 때문입니다. 다만 예외적으로 임차권등기명령을 받아 이사를 간 후에 보증금을 청구하는 것은 가능합니다. 이 경우에는 대항력을 유지하면서 퇴거할 수 있습니다.

보증금 반환 소송에서 자주 다투어지는 쟁점이 있습니다. 먼저 월세 연체액 공제 문제입니다. 집주인은 밀린 월세를 보증금에서 빼겠다고 주장하는 경우가 많습니다. 임차인이 실제로 월세를 연체했다면 공제는 정당합니다. 하지만 연체 금액이 얼마인지, 언제부터 언제까지 연체했는지를 둘러싸고 다툼이 생기기도 합니다. 월세를 현금으로 주고받으면서 영수증을 남기지 않았다면 입증이 어려워집니다.

원상복구 비용도 자주 문제가 됩니다. 집주인이 도배, 장판, 청소 비용을 보증금에서 공제하겠다고 하는 경우입니다. 원칙적으로 임차인은 임차 목적물을 원래 상태로 돌려놓을 의무가 있습니다. 하지만 통상적인 사용으로 인한 마모나 훼손까지 임차인이 책임질 필요는 없습니다. 자연적인 감가상각은 집주인이 감수해야 합니다. 오랫동안 살았으면 도배와 장판이 낡는 것은 당연하고, 그것을 임차인에게 부담시킬 수는 없습니다. 다만 고의나 과실로 심하게 훼손한 부분은 임차인이 책임져야 합니다.

소송을 제기하면 어떤 절차가 진행될까요? 먼저 소장을 작성하여 법원에 제출합니다. 보증금 반환 소송은 부동산 소재지의 법원에 제기할 수 있습니다. 청구 금액에 따라 관할 법원이 달라지는데, 3,000만 원 이하는 소액사건으로 분류되어 신속하게 처리됩니다. 소장이 접수되면 법원은 피고인 집주인에게 소장 부본을 보내고, 답변서를 제출하라고 합니다. 이후 변론기일이 지정되어 양측의 주장을 듣고 판결이 내려집니다.

소송에는 시간과 비용이 듭니다. 변호사 없이 직접 소송을 진행할 수도 있지만, 법률 지식이 없으면 쉽지 않습니다. 대한법률구조공단에서 무료 법률 상담과 소송 대리를 받을 수 있으니 활용해 보는 것이 좋습니다. 소송 비용은 패소한 측이 부담하는 것이 원칙이므로, 확실히 이길 수 있는 사건이라면 비용 걱정을 덜 수 있습니다. 하지만 소송은 결과를 장담할 수 없고 시간도 오래 걸리므로, 가능하다면 협상이나 조정으로 해결하는 것이 바람직합니다.

승소 판결을 받았는데도 집주인이 돈을 주지 않으면 어떻게 해야 할까요? 이때는 강제집행을 신청해야 합니다. 집주인의 재산을 압류하여 경매에 넘기고, 그 대금에서 보증금을 받아 내는 것입니다. 집주인의 부동산, 예금, 급여 등을 압류할 수 있습니다. 다만 집주인에게 재산이 없으면 강제집행도 소용이 없습니다. 그래서 소송 전에 가압류를 해 두는 것이 안전합니다. 다음 장에서 살펴볼 가압류는 승소 후 집행을 확실하게 하기 위한 사전 조치입니다.

임차권 확인 소송이든 보증금 반환 소송이든, 핵심은 증거입니다. 계약서, 입금 내역, 전입세대열람원, 확정일자 부여 내역, 월세 납부 기록 등을 잘 보관해야 합니다. 분쟁이 생긴 후에 증거를 모으려면 늦습니다. 임대차계약을 체결할 때부터 서류를 꼼꼼히 챙기고, 돈이 오간 내역은 반드시 기록으로 남겨야 합니다. 작은 습관이 나중에 큰 힘이 됩니다. 소송은 최후의 수단이지만, 언제든 대비할 수 있는 준비는 처음부터 해 두는 것이 현명합니다.

06
가처분과 가압류, 소송 전 권리 보전

소송에서 이겼습니다. 판결문을 손에 쥐고 기뻐했는데, 막상 집행하려고 보니 상대방의 재산이 다 사라져 버렸습니다. 소송하는 동안 부동산은 팔리고, 예금은 빠지고, 남은 것이 아무것도 없습니다. 이런 허탈한 상황을 막기 위한 제도가 바로 가압류와 가처분입니다. 본안 소송에서 승소하더라도 집행할 재산이 없으면 소용이 없습니다. 그래서 미리 상대방의 재산을 묶어 두는 것입니다.

가압류와 가처분은 모두 '보전처분'이라는 범주에 속합니다. 본안 소송의 목적을 달성하기 위해 미리 일정한 상태를 확보해 두는 절차입니다. 둘 다 소송 전이나 소송 중에 할 수 있고, 비교적 신속하게 결정이 내려집니다. 하지만 둘은 용도가 다릅니다. 간단히 말하면, 가압류는 돈을 받기 위한 것이고, 가처분은 돈 이외의 것을 위한 것입니다. 부동산 분쟁에서 둘 다 중요하게 활용됩니다.

가압류부터 자세히 살펴봅시다. 가압류는 금전채권을 보전하기 위해 채무자의 재산 처분을 금지하는 것입니다. 예를 들어 집주인에게 보증금 1억 원을 돌려받아야 하는데, 소송하는 동안 집주인이 자기 재산을 빼돌릴까 걱정됩니다. 이때 집주인 소유의 부동산이나 예금 등에 가압류를 걸어 둘 수 있습니다. 가압류가 되면 그 재산을 함부로 처분할 수 없게 됩니다. 부동산에 가압류가 걸리면 등기부에 기재되어 제3자도 알 수 있습니다.

가압류를 신청하려면 법원에 가압류 신청서를 제출해야 합니다. 신청서에는 청구채권의 존재와 보전의 필요성을 소명해야 합니다. 소명이란 증명보다는 낮은 정도의 입증입니다. 확실히 증명하지 않아도 되지만, 우선 그럴듯하게 보여야 합니다. 임대차계약서, 보증금 송금 내역, 계약 종료 통지서 등이 소명 자료가 됩니다. 또한 상대방이 재산을 빼돌릴 우려가 있다는 점도 소명해야 합니다.

가압류 신청이 받아들여지면 법원은 담보를 제공하라고 합니다. 가압류가 나중에 부당한 것으로 밝혀지면 상대방에게 손해를 배상해야 하는데, 그때를 대비한 것입니다. 담보 금액은 보통 청구 금액의 10%에서 30% 정도입니다. 현금공탁이 일반적이지만 보증보험증권으로 대신할 수도 있습니다. 담보를 제공하면 법원은 가압류 결정을 내리고, 이를 집행하면 상대방 재산에 가압류가 등기됩니다.

이제 가처분을 알아봅시다. 가처분은 금전채권 외의 권리를 보전하기 위한 것입니다. 부동산 분쟁에서는 '처분금지가처분'과 '점유이전금지가처분'이 자주 등장합니다. 처분금지가처분은 부동산의 소유권 이전이나 담보권 설정을 금지하는 것입니다. 상대방이 부동산을 다른 사람에게 팔아 버리거나 근저당을 설정해 버리면 곤란한 경우에 활용합니다.

점유이전금지가처분은 건물의 점유 상태를 그대로 유지시키는 것입니다. 건물 인도 소송에서 자주 사용됩니다. 소송 중에 점유자가 바뀌어 버리면 곤란합니다. 예를 들어, 현재 점유자 갑을 상대로 건물 인도 소송을 제기했는데, 소송 도중 갑이 을에게 점유를 넘겨 버리면 갑을 상대로 받은 판결로는 을에게 집행할 수 없습니다. 을을 상대로 다시 소송을 해야 합니다. 이런 상황을 막기 위해 점유이전금지가처분을 해 두는 것입니다.

가처분 신청 절차도 가압류와 비슷합니다. 법원에 신청서를 제출하고, 피보전권리와 보전의 필요성을 소명해야 합니다. 법원이 신청을 받아들이면 담보 제공을 명하고, 담보가 제공되면 가처분 결정을 내립니다. 처분금지가처분이 결정되면 등기부에 기재됩니다. 이후 그 부동산을 취득한 사람은 가처분 채권자에게 대항할 수 없게 됩니다.

보전처분은 임시적인 것이라는 점을 명심해야 합니다. 가압류나 가처분을 해 두었다고 해서 분쟁이 끝난 것이 아닙니다. 반드시 일정 기간 내에 본안 소송을 제기해야 합니다. 본안 소송을 제기하지 않으면 상대방이 보전처분 취소를 신청할 수 있습니다. 또한 본안 소송에서 패소하면 보전처분도 효력을 잃고, 상대방에게 손해배상 책임을 질 수도 있습니다. 담보로 제공했던 금액에서 손해가 배상됩니다.

반대로 가압류나 가처분을 당한 입장에서는 어떻게 해야 할까요? 먼저 이의신청을 할 수 있습니다. 가압류나 가처분이 부당하다고 주장하면서 취소를 구하는 것입니다. 또한 해방공탁을 할 수도 있습니다. 이 것은 가압류 금액 상당의 돈을 법원에 공탁하고, 대신 가압류를 풀어 달라는 것입니다. 부동산에 가압류가 걸려 있으면 매매나 대출이 어려 워지므로, 급한 경우 해방공탁을 활용하기도 합니다.

보전처분의 효과와 한계도 알아 둘 필요가 있습니다. 가압류가 걸린 부동산이라도 거래 자체가 불가능한 것은 아닙니다. 다만 가압류 이후 의 거래는 가압류 채권자에게 대항할 수 없습니다. 그래서 가압류가 걸린 부동산은 실무상 거래가 잘 이루어지지 않습니다. 누가 그런 부 동산을 사려고 하겠습니까? 이처럼 가압류는 재산 처분을 사실상 막 는 효과가 있습니다.

보전처분은 신속하게 진행되어야 의미가 있습니다. 상대방이 재산 을 처분하기 전에 묶어야 하기 때문입니다. 그래서 보전처분은 심문 없이 결정되기도 합니다. 상대방에게 알리지 않고 먼저 재산을 묶어 두는 것입니다. 물론 상대방은 나중에 이의를 제기할 수 있습니다. 하 지만 이미 재산이 묶여 있으므로 시간을 벌 수 있습니다. 부동산 분쟁 에서 타이밍은 매우 중요합니다.

가압류와 가처분은 권리 구제의 실효성을 확보하기 위한 제도입니 다. 아무리 소송에서 이겨도 집행할 재산이 없으면 허사입니다. 승소 판결은 종이 조각에 불과해집니다. 그래서 본안 소송을 시작하기 전에 보전처분을 고려해야 합니다. 상대방의 재산 상태, 재산 처분 가능성, 청구 금액 등을 종합적으로 검토하여 필요하다면 신속하게 보전처분 을 신청해야 합니다. 미리 준비하는 사람이 나중에 덜 고생합니다.

07
조정과 화해, 법정 밖에서 끝내는 지혜

소송은 분쟁 해결의 최후 수단입니다. 법원의 판결을 받아 권리를 확정하고 강제로 집행할 수 있다는 점에서 가장 확실한 방법이기도 합니다. 하지만 소송에는 대가가 따릅니다. 시간이 오래 걸리고, 비용도 많이 들며, 무엇보다 이기더라도 상처가 남습니다. 그래서 법은 소송 외에도 분쟁을 해결할 수 있는 여러 제도를 마련해 두었습니다. 조정과 화해가 대표적입니다. 법정 밖에서, 혹은 법정 안에서라도 판결이 아닌 합의로 분쟁을 끝내는 지혜입니다.

먼저 조정에 대해 알아봅시다. 조정은 제3자가 중간에서 당사자들의 합의를 유도하는 절차입니다. 법원에서 진행하는 조정과 민간에서 운영하는 조정이 있습니다. 법원 조정은 판사나 조정위원이 양측의 이야기를 듣고 적절한 해결안을 제시합니다. 당사자들이 이 안에 동의하면 조정이 성립됩니다. 조정조서는 확정판결과 같은 효력이 있어서,

상대방이 약속을 지키지 않으면 강제집행도 가능합니다.

부동산 분쟁에서 조정이 활용되는 경우가 많습니다. 임대차 분쟁은 대표적인 예입니다. 주택임대차분쟁조정위원회가 전국 각 지역에 설치되어 있어서, 보증금 반환 분쟁이나 임대료 조정 분쟁 등을 다룹니다. 상가임대차 분쟁도 상가건물임대차분쟁조정위원회에서 조정할 수 있습니다. 이러한 조정 절차는 소송보다 훨씬 빠르고 비용도 저렴합니다. 신청 수수료도 거의 들지 않습니다.

조정의 장점은 유연성입니다. 소송에서는 법에 따라 엄격하게 권리 의무를 따집니다. 하지만 조정에서는 법률적 판단만이 아니라 양측의 사정을 두루 고려할 수 있습니다. 예를 들어, 집주인이 당장 돈이 없어서 보증금을 한꺼번에 돌려주기 어렵다면, 분할 지급을 합의할 수 있습니다. 세입자도 조금 기다리는 대신 확실하게 받을 수 있으니 양측 모두에게 이익입니다. 소송에서는 이런 유연한 해결이 어렵습니다.

조정이 성립하지 않으면 어떻게 될까요? 양측이 합의에 이르지 못하면 조정은 불성립으로 끝납니다. 이 경우 신청인은 소송을 제기할 수 있습니다. 조정을 거쳤다고 해서 손해 볼 것은 없습니다. 오히려 조정 과정에서 상대방의 주장을 미리 파악할 수 있어서 소송 준비에 도움이 됩니다. 다만 시간이 좀 지체될 수는 있으므로, 급한 경우에는 조정보다 소송이 나을 수도 있습니다.

화해는 조정과 비슷하면서도 다릅니다. 화해는 당사자들이 서로 양보하여 분쟁을 끝내기로 합의하는 것입니다. 제3자의 중재 없이 당사자끼리 직접 합의할 수도 있고, 소송 중에 법원 앞에서 화해할 수도 있습니다. 소송 중 화해를 '재판상 화해'라고 합니다. 재판상 화해가 성립하면 화해조서가 작성되고, 이것도 확정판결과 같은 효력이 있습니다.

소송을 진행하다 보면 판사가 화해를 권고하는 경우가 많습니다. 양측의 주장과 증거를 검토해 보니 어느 한쪽이 완전히 이기기는 어려운 사건, 소송을 계속해 봐야 양측 모두 득보다 실이 많은 사건 등에서 판사는 화해를 권합니다. 이때 판사가 제시하는 화해 조건은 상당히 현실적인 경우가 많습니다. 사건을 깊이 검토한 판사의 의견이므로 참고할 만합니다.

화해나 조정으로 분쟁을 끝내면 여러 가지 좋은 점이 있습니다. 우선 시간을 아낄 수 있습니다. 소송은 1심만 해도 몇 개월에서 1년 이상 걸리고, 항소심까지 가면 더 오래 걸립니다. 조정이나 화해는 훨씬 빨리 끝납니다. 비용도 절약됩니다. 변호사 비용, 인지대, 송달료 등 소송에는 적지 않은 돈이 듭니다. 그리고 관계 회복의 여지가 있습니다. 판결로 끝나면 승패가 명확해져서 패소한 쪽은 감정이 상합니다. 하지만 합의로 끝나면 양측 모두 체면을 세울 수 있습니다.

물론 조정이나 화해가 만능은 아닙니다. 상대방이 협조하지 않으면 합의 자체가 불가능합니다. 명백하게 권리가 있는데 상대방이 억지를 부리는 경우, 악의적으로 시간만 끌려는 경우에는 소송이 더 나을 수 있습니다. 또한 법적으로 중요한 판례를 만들어야 하는 공익적 사건이라면 판결을 받는 것이 의미 있습니다. 하지만 대부분의 일반적인 분쟁에서는 합의로 끝내는 것이 현명합니다.

중재도 분쟁 해결의 한 방법입니다. 중재는 당사자들이 선택한 중재인이 분쟁을 판정하는 것입니다. 조정과 달리 중재 판정은 당사자의 동의 없이도 구속력이 있습니다. 다만 중재로 분쟁을 해결하기로 미리 합의해 두어야 합니다. 부동산 거래에서는 계약서에 중재 조항을 넣는 경우가 있습니다. 대한상사중재원 같은 기관에서 부동산 관련 중재를 진행하기도 합니다.

분쟁이 생겼을 때 가장 먼저 해야 할 일은 상대방과 대화하는 것입니다. 감정이 격해져 있더라도 일단 이야기를 나눠 봐야 합니다. 직접 만나기 어려우면 내용증명 우편을 보내 자신의 입장을 정리해서 전달하는 것도 방법입니다. 상대방도 소송까지 가고 싶지 않은 경우가 많습니다. 서로 한 발씩 양보하면 의외로 쉽게 해결되는 경우도 있습니다.

협상이 안 되면 조정을 시도하고, 조정도 안 되면 그때 소송을 고려해도 늦지 않습니다. 소송은 최후의 카드입니다. 처음부터 소송을 들이대면 상대방도 강경해집니다. 합의의 문이 닫힙니다. 결국 긴 싸움 끝에 얻는 것보다 잃는 것이 더 많을 수 있습니다. 부동산 분쟁은 금액도 크고 감정도 얽히기 쉬운 영역입니다. 그래서 더더욱 지혜로운 해결이 필요합니다. 이기는 것보다 잘 끝내는 것이 진정한 승리일 때가 많습니다.

부동산법을 아는 것이 나를 지키는 힘입니다

긴 여정을 함께해 주서서 감사합니다. 부동산 거래부터 임대차, 공법, 금융, 세금, 그리고 소송까지. 꽤 많은 내용을 다루었지만, 사실 부동산법의 세계는 이보다 훨씬 넓고 깊습니다. 이 책에서 다룬 내용은 그중에서도 우리 일상과 가장 밀접한 부분들을 추린 것입니다.

책을 쓰면서 늘 마음에 두었던 것은 어려운 법률 지식을 쉽게 전달하는 것, 그리고 그것이 실제 삶에서 어떤 의미를 갖는지 보여 주는 것이었습니다. 법은 추상적인 조문으로만 존재하는 것이 아닙니다. 계약서에 서명하는 순간, 은행에서 대출 서류를 작성하는 순간, 이사 가서 주민센터에 전입신고를 하는 순간, 법은 우리 곁에서 작동하고 있습니다.

물론 이 책 한 권으로 모든 상황에 대처할 수 있는 것은 아닙니다. 부동산 거래는 금액이 크고 상황이 복잡한 만큼, 중요한 결정 앞에서는 반드시 전문가의 조언을 구하시기 바랍니다. 다만 기본적인 원리를 알고 있으면 전문가와 상담할 때도 더 정확한 질문을 할 수 있고, 스스로 판단해야 할 순간에도 현명한 선택을 내릴 수 있습니다.

부동산은 단순한 재산이 아닙니다. 가족과 함께하는 보금자리이고, 땀 흘려 일군 삶의 터전이며, 때로는 노후를 책임질 든든한 버팀목이기도 합니다. 그래서 부동산법을 아는 것은 곧 나와 내 가족을 지키는 일입니다.

부디 이 책에서 얻은 지식이 여러분의 일상에서 빛을 발하기를, 그리하여 부동산으로 인한 걱정은 줄이고 기쁨은 늘어나기를 진심으로 바랍니다.

생활에 도움이 되는 부동산 정보

01. 부동산·법률 용어 미니 사전

핵심 용어 50선

부동산과 관련된 법률 용어는 처음 접하면 낯설고 어렵게 느껴질 수 있습니다. 하지만 몇 가지 핵심 용어만 이해해도 계약서를 읽거나 등기부등본을 확인할 때 훨씬 수월해집니다. 이 용어 사전은 부동산 거래와 법률 분야에서 가장 자주 등장하는 50개의 핵심 용어를 가나다순으로 정리한 것입니다. 각 용어의 정의와 함께 실제 상황에서 어떻게 적용되는지를 쉽게 풀어 설명했으니, 필요할 때마다 찾아보시기 바랍니다.

가등기(假登記)

본등기를 하기 전에 미리 순위를 확보해 두는 예비적 등기입니다. 매매예약이나 담보 목적으로 설정되며, 나중에 본등기로 전환하면 가등기 시점의 순위가 인정됩니다. 등기부등본에서 확인할 수 있으므로 부동산을 살 때 반드시 확인해야 합니다.

가압류(假押留)

채권자가 장래의 강제집행을 보전하기 위해 채무자의 재산을 임시로 동결시키는 절차입니다. 가압류가 되어 있는 부동산은 소유자가 함부로 처분할 수 없으며, 매수인 입장에서는 가압류 등기가 있는 부동산은 신중하게 접근해야 합니다.

가처분(假處分)

다툼이 있는 권리관계에 대해 현상을 유지하거나 잠정적인 지위를 정하기 위한 임시적 처분입니다. 부동산 분쟁에서는 처분금지가처분이 자주 사용되는데, 이는 소송 중에 부동산이 제3자에게 넘어가는 것을 막아 줍니다.

갑구(甲區)

등기부등본에서 소유권에 관한 사항을 기록하는 부분입니다. 현재 소유자가 누구인지, 과거에 누가 소유했는지, 가압류나 가처분 등 소유권을 제한하는 사항이 있는지를 이곳에서 확인할 수 있습니다.

건축허가

일정 규모 이상의 건축물을 짓기 위해 관할 행정청으로부터 받아야 하는 허가입니다. 용도지역, 건폐율, 용적률 등 각종 법적 기준을 충족해야 허가를 받을 수 있으며, 무허가 건축물은 이행강제금이나 철거명령의 대상이 됩니다.

건폐율(建蔽率)

대지면적에 대한 건축면적의 비율입니다. 예를 들어 100평 대지에 건폐율이 60%라면 최대 60평까지 건물을 지을 수 있습니다. 용도지역에 따라 건폐율 상한이 다르게 정해져 있어 건축 계획 시 반드시 확인해야 합니다.

경매(競賣)

채무자가 빚을 갚지 못할 때 법원이 채무자의 부동산을 강제로 매각하여 채권자에게 배당하는 절차입니다. 시세보다 저렴하게 부동산을 취득할 수 있는 기회가 되기도 하지만, 권리분석이 복잡하고 명도 문제 등 위험요소도 있습니다.

계약금

매매계약 체결 시 매수인이 매도인에게 지급하는 금액으로, 통상 매매대금의 10% 정도입니다. 계약금을 주고받으면 계약이 성립하며, 매수인이 계약을 해제하면 계약금을 포기하고, 매도인이 해제하면 계약금의 배액을 상환해야 합니다.

공매(公賣)

국세나 지방세 체납으로 인해 세무서나 한국자산관리공사가 체납자의 재산을 매각하는 절차입니다. 법원 경매와 비슷하지만 절차가 다소 간소하고, 온비드 등 온라인 플랫폼을 통해 입찰에 참여할 수 있습니다.

공시지가(公示地價)

정부가 매년 전국의 토지에 대해 조사·평가하여 공시하는 단위면적 당 가격입니다. 각종 세금 산정과 보상금 책정의 기준이 되며, 개별공 시지가와 표준지공시지가로 나뉩니다.

공인중개사

부동산 거래의 중개를 업으로 하는 전문자격사입니다. 중개대상물 에 대한 확인·설명 의무가 있으며, 중개사고가 발생하면 손해배상 책 임을 질 수 있습니다. 중개업자 등록증과 자격증 보유 여부를 확인하 는 것이 좋습니다.

권리금

상가 임대차에서 임차인이 영업시설, 거래처, 신용, 영업상의 노하 우 등 무형의 재산적 가치에 대해 지급하는 금전입니다. 상가건물임대 차보호법에 따라 임대인이 정당한 사유 없이 권리금 회수를 방해하면 손해배상 책임을 질 수 있습니다.

근저당권(根抵當權)

장래에 발생할 불특정 채권을 일정한 한도액 범위 내에서 담보하는 저당권입니다. 주택담보대출을 받으면 금융기관이 근저당권을 설정 하는데, 채권최고액은 보통 실제 대출금의 120~130% 정도로 정해집 니다.

낙찰(落札)

경매나 공매에서 최고가로 입찰한 사람이 매수인으로 결정되는 것을 말합니다. 낙찰 후에는 정해진 기한 내에 잔금을 납부하고 소유권 이전등기를 마쳐야 합니다.

대항력(對抗力)

임차인이 제3자에게 자신의 임차권을 주장할 수 있는 힘입니다. 주택임대차에서는 주택의 인도와 전입신고를 마치면 다음 날 0시부터 대항력이 생기며, 이후 집주인이 바뀌어도 새 집주인에게 임차권을 주장할 수 있습니다.

대지권(大地權)

집합건물(아파트, 오피스텔 등)에서 전유부분을 소유하기 위한 대지 사용권입니다. 전유부분과 분리하여 처분할 수 없도록 등기부에 기재되며, 대지권 비율에 따라 토지 지분이 정해집니다.

등기(登記)

부동산에 관한 권리관계를 등기부라는 공적 장부에 기록하는 것입니다. 소유권, 저당권, 전세권 등 중요한 권리는 등기를 해야 제3자에게 대항할 수 있으므로, 부동산 거래 후에는 반드시 등기를 마쳐야 합니다.

등기부등본

부동산 등기부의 내용을 증명하는 서류로, 표제부, 갑구, 을구로 구성됩니다. 인터넷등기소에서 누구나 열람하고 발급받을 수 있으며, 부동산 거래 전 반드시 최신 등기부등본을 확인해야 합니다.

매매계약

매도인이 재산권을 매수인에게 이전하고 매수인이 그 대금을 지급하기로 하는 계약입니다. 부동산 매매계약은 특별한 양식이 없어도 당사자 간 합의만으로 성립하지만, 분쟁 예방을 위해 서면으로 작성하는 것이 일반적입니다.

명도(明渡)

건물이나 토지를 점유하고 있는 사람이 그 점유를 풀고 소유자나 권리자에게 비워주는 것입니다. 임대차 종료 후 임차인이 퇴거하지 않으면 명도소송을 통해 강제로 내보낼 수 있습니다.

명의신탁

부동산의 실제 소유자가 다른 사람의 명의로 등기하는 것입니다. 부동산실명법에 따라 원칙적으로 금지되어 있으며, 위반 시 과징금 부과와 함께 명의신탁 약정 및 이에 기한 물권변동이 무효가 됩니다.

법정지상권(法定地上權)

토지와 건물의 소유자가 달라진 경우 건물 소유자에게 법률상 당연히 인정되는 지상권입니다. 건물이 철거되지 않도록 보호하는 제도로, 경매에서 토지와 건물이 따로 낙찰될 때 특히 중요합니다.

보증금

임대차에서 임차인이 임대인에게 맡기는 금전으로, 임대차 종료 시 반환받습니다. 차임 연체나 손해배상 등이 있으면 보증금에서 공제되며, 반환받지 못할 때는 지급명령이나 소송을 통해 권리를 구제받을 수 있습니다.

분양권

아직 완공되지 않은 주택을 분양받을 수 있는 권리입니다. 분양권 전매가 가능한 경우 이를 사고팔 수 있으며, 분양권 거래 시에는 시행사의 재정 상태와 사업 진행 상황을 꼼꼼히 확인해야 합니다.

상가건물임대차보호법

상가 임차인을 보호하기 위한 특별법입니다. 환산보증금이 일정 금액 이하인 경우 대항력, 우선변제권, 계약갱신요구권, 권리금 보호 등의 혜택을 받을 수 있습니다. 다만 주택임대차보호법보다 보호 범위가 제한적입니다.

선순위(先順位)

등기의 순서에서 앞서는 것을 말합니다. 부동산에 여러 권리가 설정되어 있을 때 선순위 권리자가 후순위 권리자보다 먼저 변제받습니다. 임차인의 경우 전입신고와 확정일자를 일찍 받을수록 유리한 순위를 확보할 수 있습니다.

소유권이전등기

부동산의 소유권이 이전되었음을 등기부에 기록하는 절차입니다. 매매, 상속, 증여 등으로 소유권이 이전될 때 필요하며, 등기를 해야 비로소 제3자에게 소유권을 주장할 수 있습니다.

수용(收用)

공익사업을 위해 국가나 지방자치단체가 개인의 토지를 강제로 취득하는 것입니다. 토지보상법에 따라 정당한 보상을 받을 권리가 있으며, 보상금에 불복할 때는 이의신청이나 행정소송을 제기할 수 있습니다.

양도소득세

부동산을 양도하여 발생한 소득에 대해 부과되는 세금입니다. 취득가액과 양도가액의 차이에서 필요경비를 뺀 양도차익에 세율을 적용하여 계산합니다. 1세대 1주택 비과세 등 다양한 감면 규정이 있습니다.

용도지역

토지의 이용 및 건축물의 용도를 제한하기 위해 도시계획으로 지정하는 지역입니다. 주거지역, 상업지역, 공업지역, 녹지지역 등으로 구분되며, 용도지역에 따라 건축 가능한 건물의 종류와 규모가 달라집니다.

용적률(容積率)

대지면적에 대한 건축물 연면적의 비율입니다. 예를 들어 100평 대지에 용적률이 200%라면 연면적 200평까지 건물을 지을 수 있습니다. 층수와 직결되는 지표로, 재개발·재건축 사업에서 사업성을 판단하는 핵심 요소입니다.

우선변제권

다른 채권자보다 먼저 변제받을 수 있는 권리입니다. 주택임차인은 대항요건과 확정일자를 갖추면 경매 시 후순위 권리자보다 먼저 보증금을 변제받을 수 있습니다.

을구(乙區)

등기부등본에서 소유권 이외의 권리에 관한 사항을 기록하는 부분입니다. 저당권, 지상권, 지역권, 전세권 등이 이곳에 기재되며, 근저당권 설정 현황을 통해 부동산의 담보 상태를 파악할 수 있습니다.

재개발사업

정비기반시설이 열악하고 노후·불량건축물이 밀집한 지역에서 주거환경을 개선하기 위해 시행하는 사업입니다. 토지등소유자가 조합을 설립하여 추진하며, 분양자격, 청산금 등 복잡한 권리관계가 발생합니다.

재건축사업

정비기반시설은 양호하나 노후·불량건축물에 해당하는 공동주택을 철거하고 새로운 주택을 건설하는 사업입니다. 안전진단을 통과해야 사업을 시작할 수 있으며, 재건축 초과이익환수제 등의 규제가 적용됩니다.

전세권(傳貰權)

전세금을 지급하고 부동산을 사용·수익할 수 있는 물권입니다. 등기를 통해 설정되며, 임차권과 달리 물권이므로 제3자에 대해서도 당연히 효력이 있습니다. 다만 실무에서는 전세권 설정등기보다 임대차계약이 더 일반적입니다.

전입신고

거주지를 이전했을 때 관할 행정기관에 신고하는 것입니다. 주택 임차인이 대항력과 우선변제권을 갖추기 위한 필수 요건이므로, 이사 후 즉시 전입신고를 마치는 것이 중요합니다.

종합부동산세

일정 금액 이상의 부동산을 보유한 사람에게 부과되는 국세입니다. 주택과 토지에 대해 각각 과세하며, 다주택자나 고가주택 보유자에게는 중과세율이 적용될 수 있습니다.

주택임대차보호법

주거용 건물의 임차인을 보호하기 위한 특별법입니다. 대항력, 우선변제권, 최우선변제권, 계약갱신청구권 등을 규정하여 세입자가 보증금을 보호받고 안정적으로 거주할 수 있도록 합니다.

중도금

매매대금을 계약금, 중도금, 잔금으로 나누어 지급할 때 그 중간에 지급하는 금액입니다. 중도금을 지급하면 계약금만 포기하고 계약을 해제하는 것이 원칙적으로 불가능해지므로, 신중하게 결정해야 합니다.

지상권(地上權)

타인의 토지에 건물이나 기타 공작물 또는 수목을 소유하기 위해 그 토지를 사용할 수 있는 권리입니다. 토지 소유권과 별개의 물권으로, 등기를 통해 설정하고 제3자에게도 대항할 수 있습니다.

취득세

부동산을 취득할 때 내는 지방세입니다. 취득가액에 일정 세율을 곱해 계산하며, 주택 수, 취득 원인(매매, 상속, 증여), 지역 등에 따라 세율이 달라집니다. 잔금 지급일로부터 60일 이내에 신고·납부해야 합니다.

확정일자

임대차계약서에 관공서가 날짜를 확인하여 찍어 주는 도장입니다. 확정일자를 받으면 그 날짜에 임대차계약이 존재했음을 공적으로 증명받게 되며, 대항요건과 함께 우선변제권을 갖추기 위한 요건이 됩니다.

환산보증금

월세 임대차에서 보증금과 월세를 합산하여 하나의 금액으로 환산한 것입니다. 보증금에 월세를 100으로 곱한 금액을 더하는 방식으로 계산하며, 상가건물임대차보호법의 적용 여부를 판단하는 기준이 됩니다.

LTV(Loan To Value, 주택담보대출비율)

주택담보대출 시 담보가치 대비 대출 가능 금액의 비율입니다. 예를 들어 LTV가 70%이고 주택 가격이 5억 원이면 최대 3억 5천만 원까지 대출받을 수 있습니다. 정부 정책에 따라 규제 비율이 조정됩니다.

DTI(Debt To Income, 총부채상환비율)

연간 소득 대비 연간 원리금 상환액의 비율입니다. DTI가 40%이고 연소득이 5천만 원이면 연간 원리금 상환액이 2천만 원을 넘지 않는 범위 내에서 대출받을 수 있습니다.

DSR(Debt Service Ratio, 총부채원리금상환비율)

연간 소득 대비 모든 금융부채의 연간 원리금 상환액 비율입니다. DTI가 주택담보대출만 고려하는 것과 달리, DSR은 신용대출, 자동차 할부 등 모든 대출의 원리금을 합산하여 계산합니다.

02. 유익한 부동산법 자료와 사이트 추천

정부기관 및 공공 사이트

부동산과 관련된 정보는 정부 기관의 공식 사이트에서 가장 정확하고 신뢰할 수 있는 내용을 얻을 수 있습니다. 아래에 소개하는 사이트들은 등기부등본 열람부터 시세 확인, 법령 검색까지 부동산 거래에 필요한 거의 모든 정보를 제공합니다.

인터넷등기소(www.iros.go.kr)

대법원에서 운영하는 부동산 등기 열람 및 발급 서비스입니다. 부동산 거래 전 반드시 등기부등본을 확인해야 하는데, 이 사이트에서 전국 모든 부동산의 등기 정보를 온라인으로 열람하고 발급받을 수 있습니다. 부동산을 매수하기 전에는 계약 당일에 한 번 더 최신 등기부등본을 확인하는 습관을 들이시기 바랍니다.

대한법률구조공단(www.klac.or.kr)

법률 지식이 부족하거나 경제적 여력이 없어 법의 보호를 충분히 받
지 못하는 분들을 위한 무료 법률상담 및 소송대리 서비스를 제공합니
다. 부동산 분쟁으로 어려움을 겪고 있지만 변호사 비용이 부담되는
경우 이곳의 도움을 받을 수 있습니다. 전국에 지부가 있어 방문상담
도 가능하고, 전화상담도 제공합니다.

국토교통부 실거래가 공개시스템(rt.molit.go.kr)

전국의 부동산 실거래 가격을 조회할 수 있는 사이트입니다. 아파
트, 단독주택, 연립다세대, 오피스텔은 물론 토지, 상업용 부동산의 실
거래가까지 확인할 수 있습니다. 부동산을 매수하거나 매도할 때 적정
가격을 판단하는 데 유용하며, 지역별, 기간별로 시세 흐름을 파악할
수도 있습니다.

국가법령정보센터(www.law.go.kr)

모든 법령을 검색하고 열람할 수 있는 법제처 운영 사이트입니다.
부동산 관련 법률인 민법, 부동산등기법, 주택임대차보호법, 상가건물
임대차보호법, 공인중개사법 등의 조문을 언제든지 확인할 수 있습니
다. 법령 개정 연혁과 하위 법령(시행령, 시행규칙)도 함께 제공되어,
현행 법률 내용을 정확히 파악하는 데 도움이 됩니다.

정부24(plus.gov.kr)

행정안전부에서 운영하는 전자정부 대표 포털로, 전입신고를 비롯한 각종 민원을 온라인으로 처리할 수 있습니다. 부동산 거래 후 필요한 전입신고, 주민등록등본 발급 등을 집에서 편리하게 처리할 수 있어 시간을 크게 절약할 수 있습니다.

토지이음(www.eum.go.kr)

토지에 적용되는 각종 이용규제를 한눈에 확인할 수 있는 서비스입니다. 용도지역, 용도지구, 지구단위계획 등 토지에 어떤 규제가 걸려 있는지 지도와 함께 확인할 수 있습니다. 토지를 매입하거나 건축을 계획할 때 해당 토지에서 어떤 용도의 건물을 얼마 규모로 지을 수 있는지 파악하는 데 필수적인 사이트입니다.

등기·세금·분쟁해결 관련 실무 정보

부동산 거래의 실무 과정에서는 등기 절차, 세금 계산, 분쟁 발생 시 대응 방법 등 구체적인 정보가 필요합니다. 아래 사이트들은 이러한 실무적인 정보를 얻는 데 도움이 됩니다.

위택스(www.wetax.go.kr)

지방세 관련 업무를 처리할 수 있는 사이트입니다. 부동산 취득세와 재산세가 대표적인 지방세인데, 이 사이트에서 세액을 조회하고 납부할 수 있습니다. 특히 부동산 취득 후 60일 이내에 취득세를 신고·납부해야 하는데, 위택스를 통해 온라인으로 간편하게 처리할 수 있습니다.

홈택스(www.hometax.go.kr)

국세청에서 운영하는 국세 관련 종합 서비스입니다. 부동산과 관련해서는 양도소득세, 종합부동산세, 증여세, 상속세 등의 신고와 납부를 이 사이트에서 처리할 수 있습니다. 모의계산 기능도 제공되어 부동산을 팔기 전에 대략적인 양도세를 미리 계산해 볼 수 있습니다.

대법원 나의 사건검색(www.scourt.go.kr)

소송이 진행 중이라면 대법원 홈페이지의 나의 사건검색 서비스를 통해 사건 진행 상황을 확인할 수 있습니다. 재판 기일, 서류 제출 현황 등을 열람할 수 있어 변호사 없이 소송을 진행하는 경우에도 사건의 경과를 파악하는 데 도움이 됩니다.

법원경매정보(www.courtauction.go.kr)

법원에서 진행하는 부동산 경매 정보를 제공하는 공식 사이트입니다. 경매 물건의 목록, 감정평가서, 매각기일, 입찰 결과 등을 확인할 수 있습니다. 경매에 참여하려면 이 사이트에서 관심 물건을 찾고, 권리분석을 위한 기초 자료를 수집하는 것이 첫걸음입니다.

온비드(www.onbid.co.kr)

한국자산관리공사에서 운영하는 공매 정보 사이트입니다. 세금 체납으로 인한 압류 재산, 국유재산, 공공기관 자산 등의 매각 정보를 확인하고 온라인으로 입찰에 참여할 수 있습니다. 경매와 마찬가지로 시세보다 저렴하게 부동산을 취득할 수 있는 기회가 될 수 있습니다.

주택도시보증공사(www.khug.or.kr)

전세보증금 반환보증, 전세자금대출 보증 등 주거 안정과 관련된 각종 보증 상품을 제공합니다. 전세 계약 시 전세보증금 반환보증에 가입하면 집주인이 보증금을 돌려주지 않더라도 보증기관에서 대신 지급받을 수 있어 안전합니다.

서울부동산정보광장(land.seoul.go.kr)

서울시에서 운영하는 부동산 종합정보 서비스로, 서울 지역의 부동산 시세, 개발정보, 정책 등을 제공합니다. 서울에서 부동산을 거래하려는 분들에게 특히 유용합니다.

추천 도서 및 참고 자료

부동산과 법률에 대한 이해를 넓히고 싶다면 아래의 도서와 자료를 참고해 보시기 바랍니다. 이 책에서 다룬 내용을 더 깊이 공부하거나, 다른 관점에서 부동산을 바라보는 데 도움이 될 것입니다.

부동산 기초 및 거래 실무

부동산 거래의 기본 원리와 실무 절차를 배우고 싶다면, 공인중개사

시험 교재 중 '부동산학개론'과 '민법 및 민사특별법' 과목의 기본서를 추천합니다. 시험을 목적으로 하지 않더라도 부동산 거래의 전반적인 흐름과 관련 법률을 체계적으로 이해하는 데 큰 도움이 됩니다.

부동산 세금 관련 도서

부동산 세금은 정책 변화에 따라 자주 바뀌므로, 가능하면 최근에 출간된 책을 선택하는 것이 좋습니다. 서점의 세무 코너에서 '부동산 세금'을 키워드로 검색하면 다양한 실무서를 찾을 수 있습니다. 특히 국세청에서 매년 발간하는 '주택과 세금'을 추천합니다.

민법 입문서

부동산법을 제대로 이해하려면 민법에 대한 기초 지식이 필요합니다. 민법은 방대한 법률이지만, 부동산과 관련해서는 '물권편'과 '채권편 중 계약 부분'을 중점적으로 보면 됩니다. 법학 전공자가 아니더라도 읽기 쉽게 쓴 민법 입문서들이 많으니, 교양 수준에서 시작해 보시기를 권합니다. 양창수, 송덕수 저가 괜찮습니다.

경매·공매 관련 도서

경매나 공매를 통한 부동산 취득에 관심이 있다면, 권리분석 방법과 입찰 절차를 자세히 설명한 전문 서적을 참고하시기 바랍니다. 경매는 권리관계가 복잡하고 위험 요소가 있으므로, 충분히 공부한 후에 도전하는 것이 바람직합니다. 실제 사례를 분석한 책이 실전 감각을 익히는 데 도움이 됩니다.

재개발·재건축 관련 자료

정비사업에 관심이 있다면 도시정비법과 관련 판례를 다룬 전문서적을 참고해 볼 수 있습니다. 다만 재개발·재건축은 법률뿐 아니라 도시계획, 건축, 금융 등 여러 분야가 복합적으로 얽혀 있으므로, 실제 투자나 사업 참여 전에는 반드시 전문가의 조언을 구하시기 바랍니다. 법무법인 센트로에서 쓴 재개발 재건축 성공 길잡이는 실무적인 쟁점 이해에 도움이 됩니다.

부동산과 법률 분야는 계속해서 변화합니다. 새로운 판례가 나오고, 법령이 개정되며, 정책이 바뀌기도 합니다. 따라서 한 번 공부했다고 끝이 아니라, 지속적으로 관심을 갖고 최신 정보를 업데이트하는 자세가 필요합니다. 이 책이 부동산법의 세계로 들어가는 첫 문을 열어드렸다면, 앞으로 더 넓고 깊은 지식을 쌓아 가시기를 바랍니다.

김 변호사의
부동산법 상식

ⓒ 김종운, 2026

초판 1쇄 발행 2026년 2월 2일
    2쇄 발행 2026년 3월 30일

지은이   김종운
펴낸이   이기봉
편집   좋은땅 편집팀
펴낸곳   도서출판 좋은땅
주소   서울특별시 마포구 양화로12길 26 지월드빌딩 (서교동 395-7)
전화   02)374-8616~7
팩스   02)374-8614
이메일   gworldbook@naver.com
홈페이지   www.g-world.co.kr

ISBN   979-11-388-5352-1 (03320)